EL CAMINO DEL VENDEDOR

Moisés Corral Arce

ISBN: 9798386223731

DEDICATORIA

A mis tres mejores ventas

CONTENIDO

AGRADECIMIENTOS

Este libro ha sido posible gracias a los grandes comerciales con los que he estado durante mi vida profesional y entre los que debería estar José Luis Uraga. También a Carlos Muñoz (le debo un dólar a tus hijos) y a las dos mejores vendedoras del universo, mi madre y mi abuela.

PRÓLOGO

Cuando preguntas a un niño qué quiere ser de mayor jamás te dirá comercial o vendedor. No hay vocaciones para este sector, aunque sea uno de los pocos que en los tiempos de la crisis no tenía desempleo. ¿Por qué ocurre esto?

Varios son los factores, pero podemos resumirlos en uno, caemos mal a la gente, y lo peor de todo es que nos lo hemos ganado a pulso. Años utilizando las técnicas de venta, mirando solo por ganar dinero para nosotros sin importarnos las personas y usando palabrería barata carente de contenido. Cuando el Doctor norteamericano Paul MacLean desarrolló su teoría sobre cómo el cerebro se divide en tres partes y cómo esto afecta a la toma de decisiones no esperaría verlo en los concesionarios de coches o en los teleoperadores de telefonía. Su teoría cambió el mundo de las ventas para llenarlo de charlatanes y gurús. *"Consigue que las personas digan sí a todo" "Vende cualquier cosa a cualquier persona"*. La llegada de la psicología al mundo de las ventas fue el pistoletazo de salida para el nuevo tipo de cursos de técnicas de venta, nos enseñaban a ir pueblo por pueblo vendiendo crecepelo entre el asombroso gentío.

Hemos forzado los consentimientos, siempre tratando de buscar decirle a la otra persona lo que necesita oír para comprar. Los vendedores no hemos pensado en el largo plazo sino en la venta rápida e indolora, sin dolor claro está para nosotros, si podemos vender el pescado que se está pudriendo en nuestro puesto del mercado de abastos mejor. Esas técnicas de venta agresivas explicadas a comerciales, te prometían resultados rápidos, esas mismas fueron las mismas que mataron la profesión. Cuando estamos con nuestros amigos y no queremos irnos a un bar a tomar una copa, estamos vendiendo nuestra opción, damos los pros y mostramos a los demás lo bien que nos lo podemos pasar si hacemos la opción que planteamos. Desde luego que no queremos perder a nuestros amigos, por eso no los manipulamos ni engañamos, no iríamos a ese bar sabiendo que lo van a pasar a mal y dándonos igual si después de esto no vuelven a quedar nunca más con nosotros. No funcionamos así en nuestra vida privada

Por esa razón vender tiene que ser necesariamente otra cosa. Debemos crear lazos con nuestros clientes basados en la confianza y en el respeto. En un mundo hiperconectado las opciones para nuestros potenciales usuarios son casi infinitas, tenemos que ganárnoslos, pero no a cualquier precio.

Con este libro quiero plasmar lo que llevo haciendo más de 10 años, crear vocaciones, ilusionar a la gente y mostrarles que los vendedores somos necesarios solamente cuando somos útiles a nuestros clientes.

Comenzamos.

EL COMERCIAL

EL MUNDO DEL VENDEDOR

Muchas personas intentan entrar en el mundo comercial (hay muchísimos puestos disponibles) pero la tasa de abandono y fracaso es elevadísima. ¿A qué puede deberse?

En primer lugar, a la estructura propia de las empresas que usan comerciales, se surten de personas con necesidades económicas, no se les forma e intentan que adquieran conocimientos y práctica por ciencia infusa, algo totalmente imposible. Son estas empresas las que crean mala fama a todo el sector, se han cometido tantos excesos que la imagen está actualmente por los suelos.

En el prólogo comentaba que ningún niño, por lo menos en su sano juicio, quiere ser comercial; pero, aunque lo quisiese no existe una formación reglada entre los cientos de grados que ofertan las universidades españoles precisamente por la falta de vocaciones existente.

Y, a pesar de todo ello, todo el mundo está de acuerdo en que es uno de los trabajos más demandados en España, no solo en épocas de crisis sino también de crecimiento económico. Los últimos informes de plataformas de búsqueda de empleo nos dicen que el 40% de las ofertas son del sector comercial y de ventas. La afirmación *"De comercial no hay paro"* es rotundamente cierta.

Pero no solo eso, el departamento comercial es la parte más importante de una empresa, sin clientes no hay negocio, y las promociones y campañas tienen que surgir lógicamente de quienes conocen al cliente, la competencia y las demandas del mercado.

A veces la profesión pasa de padres a hijos, es lo que se llama comerciales de raza , aquellos cuyos padres o hermanos mayores lo han sido, tienen un apoyo familiar importante y han visto desde muy pronto las posibilidades de este mundo. Cuando en tu entorno familiar hay o hubo casos de éxito, es una salida profesional muy aplaudida. En el mundo comercial se valora el esfuerzo, los ascensos son por valía, muy rápidos y los trabajos ejecutivos suelen estar copados por grandes comerciales. La cúpula de las empresas de venta está llena de personas que vienen del departamento comercial, ya que son ellos los que conocen mejor que nadie la empresa y el producto.

¿Son los comerciales la parte más importante de una empresa? En el año 2007 Steve Jobs presentaba al mundo su nueva creación, el iPhone. Era una tecnología totalmente disruptiva que apostaba todo a su gran pantalla táctil multitouch y desterraba el uso del teclado físico. Mientras tanto, el CEO de Microsoft Steve Ballmer no podía aguantarse la risa al ser preguntado en una entrevista televisada sobre el teléfono de Apple. En su opinión los ejecutivos no usarían el dispositivo por no ser útil para enviar correos electrónicos, se equivocó.

Caeríamos en un error si afirmásemos que el éxito del primer iPhone fue el adelantarse a su tiempo o presentar soluciones tecnológicas inéditas. Tuvo éxito porque se vendieron muchos iPhones, de no haber sido así hoy nadie se acordaría de él. La historia está plagada de grandes ingenios que al no tener unas buenas ventas han sido un fracaso; y al revés, productos aparentemente simplones o que eran meras copias y tuvieron una gran repercusión. Las ventas mueven el mundo.

En el mundo comercial existe mucha promoción interna, los rápidos ascensos también vienen acompañados de un aumento de las retribuciones que dependen en gran medida de las retribuciones variables. El esquema en estos trabajos suele consistir en un sueldo base bajo pero unas altas comisiones, a medida que uno asciende se aumenta el fijo.

Según un estudio de Randstad un comercial debería tener un arranque de 18000 euros anuales, y cada dos años verse beneficiado de un incremento salarial de otros 6000 euros. El mismo estudio señala que es posible ascender durante los 10 primeros años hasta los 60.000 euros, aunque eso depende muchos factores.

- La valía del candidato
- El esfuerzo y dedicación.
- El tipo de empresa
- La situación del mercado para ese producto en concreto.

Está claro que no todo el mundo sirve para ser comercial, es necesaria una gran fuerza de voluntad o de lo contrario lo normal es que uno se venga abajo, lo que llamamos fracaso del comercial. Es un error pensar que en este trabajo triunfan las personas con grandes dotes sociales o muchos contactos, esto se trata de vender, sino te gusta vas a tirar la toalla al primer mes malo. Y un mes malo es aquel donde no se vende, este es un trabajo 100% orientado a resultados.

Los primeros meses en este sector son de cantidad más que de calidad, hay que hacer muchas visitas y picar muchas puertas para sembrar y obtener ventas, pero también, al ser un trabajo eminentemente práctico, obtener mucho conocimiento y experiencia. Es una profesión para personas con una gran resistencia mental y tolerancia al fracaso.

Por eso toca también hablar de la parte negativa. La empresa especialista en selección de comerciales "Sales Hunters" realiza una encuesta sobre el grado de valoración de los vendedores en su empresa, la respuesta mayoritaria es todos los años la misma "Me siento igual o peor". Los comerciales desarrollan también, cuando llevan muchos años, cierta frustración por pensar que van a estar toda la vida haciendo lo mismo; sí, se asciende rápido, pero en muchas empresas se muere de comercial. Es muy fácil llegar a quemarse de ser vendedor sobre todo si no te gusta y estás desde el primer día deseando salir de la calle, es decir, dejar de vender.

No ocurre lo mismo en Estados Unidos, donde los comerciales son no solo la parte más importante, aquí también lo son, sino la más reconocida, en ciertas empresas toda la cúpula directiva debe haber vendido antes de llegar ahí. Cuando se cumplen los resultados se organizan grandes fiestas y no se repara en gastos, hay que mimar a la máquina que genera el dinero de la empresa

Puede que sea parte de su cultura, de esa forma de ser tan americana del hombre hecho así mismo que empieza desde abajo y con callos en las manos llega a la cima, pero sin duda es un sistema que les funciona. Los números en los que se mueve un vendedor norteamericano son abismales frente a un colega europeo y ya no digamos español. Venden mucho más, pero cobran también mucho más, todo el organigrama, método y formación está muchísimo más desarrollado.

Allí ser comercial toda la vida no solo es un fracaso, sino que lo lucen con orgullo y usan la siguiente frase *"once a salesman, always a salesman"* que traducido al español significa "una vez vendedor, siempre un vendedor".

Si tu idea es entrar en el mundo comercial buscando salir lo más rápido posible, dejar la venta y sentarte cómodamente en un despacho a realizar rutinarias tareas administrativas, hazte un favor, no entres.

¿EL COMERCIAL NACE O SE HACE?

Mucha gente ha definido el trabajo de comercial como uno de los más ingratos que existe, a diferencia de otras profesiones debemos lidiar diariamente con el fracaso, enfrentarnos a él y superarlo. Se requiere por lo tanto una fortaleza mental que no mucha gente está dispuesta a asumir o soportar, y quizás por el ello vemos a tantas y tantas personas intentarlo y dejarlo a medias. Es una profesión para resilientes, escucharemos más veces la palabra la "*No*" que los rotundos "*Sí*".

Si de alguna forma puedo ayudar a las personas que van a introducirse en este mundo es dejando claro para mi cuál son los valores importantes que nos definen como profesional, los que realmente nos van a ayudar a llevar una exitosa y fructífera carrera en este sector. Para la mayoría de los grandes tiburones de las ventas el conocimiento y el trabajo son la clave del éxito. En un trabajo, donde la mayoría de las veces la frase que más escucharemos va a ser "No, no estoy interesado y no habrá nada que me haga cambiar de opinión". Tenemos por lo tanto que añadir un factor corrector, la ACTITUD.

Y me gusta ponerlo en mayúsculas, porque si el conocimiento y el trabajo suma, la aptitud multiplica. Decía Confucio *"Nuestra mayor gloria no se basa en no haber fracasado nunca, sino en habernos levantado cada vez que caímos"*

El trabajo de comercial es un trabajo para personas alegres; es imposible transmitir la necesidad al cliente si somos incapaces de empatizar con él y de igual forma no lo vamos a lograr si nuestra aptitud no es la correcta. Esto es no un libro de psicología o autoayuda, este va de frente, esto no es una profesión para personas depresivas y con baja autoestima.

Pero tranquilos, no está todo perdido. Absolutamente todas las habilidades que aquí veremos incluso las emocionales se pueden corregir y mejorar. Pero no debemos llevarnos a engaños, si la actitud es el motor que mueve el mundo no es ni mucho menos la panacea. Podemos cerrar los puños, repetir una y otra vez con los ojos cerrados *"Yo puedo, yo puedo, soy el dueño de mi destino"* e intentar saltar un muro de 2 metros, pero no va a funcionar. Si el muro tiene altura razonable para un ser humano con nuestra complexión física jamás debemos rendirnos, ese muro vamos a saltarlo. Y eso es lo que vamos a trabajar.

Tenemos que empezar por los conocimientos sobre el lo que vamos a vender. Esto se adquieren, bien sea con un atracón inicial, poco recomendado, o con el tiempo que es sin duda nuestro mejor profesor. Una buena base nunca sobra, pero si carecemos de ella, si usamos nuestra actitud positiva podemos adquirirlos de una forma más rápida y sobre todo que nos calen primero. Los conocimientos sobre el mundo de las ventas sirve para convertir nuestro cerebro en una alarma; de esta forma, si vemos ciertas señales en el comprador nos va a sugerir la mejor opción, frase o recurso y de forma más rápida. La actitud es la que nos convierte en esponjas.

El siguiente factor es la constancia, el trabajo, la lucha diaria. Un vendedor se fragua en mil batallas y no rehúye ninguna... pero claro sin la correcta actitud la calle nos va a comer, es la actitud la que nos va a hacer levantarnos después de perder una guerra y la que nos hace volver a luchar. Cuando las cosas nos vayan bien y tengamos unas ventas altas oiremos mucho decir que tuvimos suerte. La manida frase la suerte no existe es real, la suerte del comercial viene dada por tres factores determinantes.

1- Pasión por lo que hacemos. Somos disciplinados porque nos gusta la profesión.
2- Detectamos las oportunidades de negocio al tener un olfato desarrollado para ver donde podemos conseguir una venta y donde no vamos a sacar nada.
3- No perdemos el control en los fracasos. Somos capaces de tener paciencia y seguir siendo constantes, aunque no nos vaya bien.

Cuando uno domina estos tres elementos, la velocidad a la que tenemos suerte se va incrementando. Contaba el golfista sudafricano Gary Player, que cuando era joven practicaba en un campo de golf durante horas la sacada de bunker. Era tan bueno que conseguía dejar la pelota muy cerca de la bandera. Un día, un señor mayor se le acercó y le dijo *"Joven, hace tiempo que le observo, cada vez que golpea la pelota es como si tuviese un imán, tiene usted muchísima suerte en los golpes"*. A lo que Gary Player contestó después de llevar 5 horas aquella tarde practicando *"La verdad es que tiene usted razón, cuanto más entreno más suerte tengo."*

TODO HA CAMBIADO

La llega de internet a nuestras vidas supuso uno de los cambios más radicales en los últimos 200 años desde la llegada de la Revolución Industrial; todavía hoy no somos conscientes de la transcendencia de los cambios que ha traído aparejados su irrupción en nuestro día a día.

Como en muchos otros campos la figura del comprador ha sufrido una transformación radical creando un nuevo paradigma. El comprador del Siglo XXI presenta unas características nuevas.

1- **Tiene internet con un aparato que llevaba en el bolsillo:** Desde hace un año ya no existen estudios sobre el porcentaje de población que ha comprado por internet, todo el mundo lo hace. Se han acabado las reticencias a entregar o dar los datos de la tarjeta o la incertidumbre de no recibir lo solicitado. Año tras año crecen las ventas desde lo teléfono móviles que desplazan al portátil como medio preferido y esta tendencia seguirá a un ritmo aún más fuerte los próximos años.

2- **Tiene toda la información disponible las 24 horas del día**: Por lo dicho anteriormente el nuevo comprador puede con dos movimientos de dedo conocer más sobre nuestro producto de lo que le hayamos explicado, acceder a resúmenes, comparativas y un sinfín de plataformas donde descubrir malas experiencias de otros consumidores. Ya no necesita ir a casa para verlo en el ordenador o preguntar a sus conocidos, tiene toda la información que quiera en su teléfono móvil.

3- **Es desconfiado por naturaleza**: Las críticas negativas son siempre perjudiciales, nada ayuda que hablen mal de uno y menos si son juicios basados en hechos reales. Los estudios indican que existen 4 veces más posibilidades de ser criticados por una mala experiencia que ser alabados por una buena. Ese dicho tan usado *"que hablan mal de uno pero que hablen"* no es bueno para la creación de nuestra imagen de marca. El crítico va a estar siempre más predispuesto al reproche que al halago.

4- **Asume que tiene el poder y espera una buena oferta**: Los nuevos clientes no se casan con nadie; asumen su rol como compradores y van a exigirnos desde el principio. Creen acertadamente que tenemos un interés comercial en ellos y que nuestros piropos no son más que estrategias para lograr la venta, por ese mismo motivo esperan una oferta atractiva. Si consideran que no es suficiente buscarán en otro lugar. No se regala la fidelidad.

5- **Quiere una oferta personalizada**: Al asumir el poder no van a tragar con cualquier cosa que les demos, quieren que nos trabajemos la oferta y que el traje sea a medida, lo que sirve para su vecino no tiene por qué servir para ellos.

6- **Cree que puede influir negativamente con sus críticas la imagen de una marca**: En las redes sociales vamos siempre a encontrar más críticas negativas que positivas. Si nuestros clientes piensan que sus derechos han sido pisoteados o la experiencia de compra no ha sido satisfactoria no van a dudar en pregonarlo a los cuatro vientos. Ahora ya que no se trata de contaminar a su entorno, van a intentar propagarlo por todo el ciberespacio, usar todos los altavoces que tengan su disposición (que son muchos) y darle la mayor publicidad y bombo a su verdad.

7- **Reconoce a los vendedores charlatanes y huye de ellos**: No pican con una oferta del último minuto, nuestras técnicas de venta manipuladoras son de sobra conocidas y están cansados de los encantadores de serpientes. Busca una relación honesta y respetuosa por nuestra parte, aunque, como decíamos en el punto 4, sienten que tienen el poder y quizás ellos no tengan ese comportamiento tan franco con nosotros. El comprador del nuevo milenio es capaz de engañar al vendedor.

8- **No le importa no comprar a alguien cercano o incluso hacer todo el proceso telemáticamente**: La gente ha perdido el miedo a comprar por internet y usar los comparadores online, la baza de la proximidad no tienen tanto peso. ¿Debemos de dejar de usarla? No, debemos crear y gestionar nuestra propia imagen de marca. Puede que nuestro producto se puede comprar un 10% más barato por internet, pero si nosotros no estamos implicados en el proceso pierde valor, el valor que solo nosotros podemos aportar.

Con la industrialización del proceso de comercialización se pierde el alma en las ventas. Todo cambia, entramos en una nueva era donde no todos van a sobrevivir. Escribía el naturalista inglés Charles Darwin, famoso por ser el autor de *"El origen de las especies"* lo siguiente: *"No es la más fuerte de las especies la que sobrevive, tampoco es la más inteligente la que sobrevive. Es aquella que se adapta mejor al cambio"*. Y esa es nuestra labor, adaptarnos a estos cambios, no luchar contra ellos o intentar ser mejores que una máquina que haga nuestras mismas funciones; si pretendemos eso, desapareceremos como otras especies que terminaron extinguiéndose. Nosotros tenemos que adaptarnos.

LA PREPARACIÓN DEL VENDEDOR

El vendedor charlatán ha muerto. Cuando en algún momento de nuestra vida, adoptando la posición de cliente, nos hemos encontrado ante la decisión de comprar un producto sobre el que tenemos bastante formación, hemos tratado con vendedores charlatanes. Son muy fáciles de reconocer si conoces lo que van a vendernos. Sus productos son perfectos, no tienen defectos y nos garantizan el 100% de la satisfacción. Llegan a ofenderse sino compramos su producto y podrían estar horas hablándonos sin decir nada, ellos simplemente quieren apuntar nuestro pedido e irse a intentar captar a otro incauto. Lo peor de todo es que quizás su producto si tenga unas calidades más que aceptables y el precio sea francamente justo, pero su estilo de venta e imagen no es la adecuada.

Para este tipo de vendedores, el cliente debe intervenir poco, su método de venta es el bombardeo de mensaje inconexos buscando saturar la venta del oyente e intentar cerrar la operación sin preguntas ni objeciones. Le preocupa poco o nada las dudas del prospecto porque en su mente solo se escucha así mismo.

Hoy en día el cliente necesita un valor añadido, el vendedor debe transformar sus necesidades en oportunidades de negocio, pero cubriendo esas necesidades o solucionando sus problemas. El comercial debe ser especialista en la materia, solo de esa forma puede influir en el cliente y generarle bienestar, a través del vínculo que se genera en la transacción.

El problema de los vendedores charlatanes es que no disponen de un método, la solución a todo pasa por hablar y hablar sin descanso. De ahí la importancia de la formación en los comerciales. ¿En qué aspectos debe formarse un buen vendedor del siglo XXI?

El **producto**: Debe ser experto en lo que vende o en su defecto tener claro que si no sabe algo a quien puede recurrir. De esta forma tendremos la posibilidad de invocar *el principio de autoridad,* es decir, que nos considere experto en la materia y nuestra opinión sea muy valorada.

La **competencia**: Si un producto fuese perfecto, cubriese todas las necesidades del cliente y tuviese un precio imbatible no habría competencia. Hay que conocer los pros y los contras de los otros productos del sector similares a los nuestros. No se deben nunca menospreciar y debemos analizarlos a conciencia.

El **proceso de la venta**: Al no existir método para el charlatán, todo gira entorno a cerrar lo más rápido posible. Cuando eso ocurre se genera el efecto contrario, los compradores detectan nuestra ansia y eso les genera desconfianza. La venta lleva un proceso y unos pasos.

Aprender a **ser empático**: El charlatán se enfada si lo contradices, no se puede tener dudas con él ya que está todo clarísimo. Saber escuchar y ponerse en lugar del otro es una habilidad que debemos desarrollar. Nuestros clientes no son como nosotros, tenemos que dejarlos hablar para conocerlos y saber que necesidades tienen.

Las **técnicas de venta**: Las objeciones del cliente deben detectarse para poder cerrar el proceso, sino lo hacemos solo las ventas fáciles serán exitosas. Debemos conocerlas y practicarlas. Las técnicas de ventas nos ayudan a conocer la verdad. ¿Qué le preocupaba realmente al cliente? ¿Qué no supimos mostrarle para no realizar la venta? Descubriendo y salvando las objeciones haremos nuestro trabajo mejor.

Los **roleplay**: Este es un método de formación que sirve como dinámica de grupo. Se simula una venta basada en los parámetros que el formador ha dictado de antemano y que los participantes no conocen en su totalidad. Sirve para testear el conocimiento el desarrollo de las entrevistas y las técnicas de venta. No solo aprenden quienes la hacen sino también los que escuchan.

La **organización**: En los años 80 un vendedor llegaría a su casa con los bolsillos llenos de servilletas o su agenda del día básicamente era un *"lo que vaya saliendo"*. Debemos ser extremadamente escrupulosos en cómo nos organizamos. Nuestro tiempo es dinero y muy limitado, perderlo significa perder oportunidades de hacer más entrevistas.

La **toma de datos**: Más adelante veremos como la base de nuestra mejora de ratios de conversión entrevista/venta es gracias a la estadística. Es importante por ello conocer y cuantificar nuestros datos, así como saber qué parámetros necesitamos analizar.

Un vendedor no necesita un máster en Marketing y ventas, ni un grado en Ciencias Empresariales, pero desde luego si requiere conocimientos profundos en esos campos. Existen innumerables formas de formarse.

Seminarios de ventas con expertos
Cursos temáticos de vendedores
Formación online en plataformas
Libros sobre temática comercial
Vídeos en YouTube sobre desarrollo comercial.

Pero sin duda la mejor de todas es **la práctica**, coger todo lo que hemos aprendido y ponerlo en una coctelera para ensayarlo y equivocarnos; volver a repetirlo una y otra vez para ver como cada vez que lo hacemos es mejor que la anterior. El mejor maestro del vendedor es el tiempo.

Formarse forma parte de nuestro trabajo. Que no te pese nunca perder un día de trabajo por asistir a una charla o una reunión de formación.

LA GRAN, AUDAZ Y PELUDA META

Después de mi primera etapa como vendedor de seguros me propusieron liderar un equipo de ventas. Me pareció una buena idea y la afronté con bastante ilusión sobre todo por un detalle que para mí era muy importante, tendría que empezar de cero sin comerciales en mi grupo y buscarlos yo. Por supuesto el nivel de ventas al principio de mi equipo no sería muy alto, pero también me daría la oportunidad de captar yo a los vendedores para formarlos como a mí me gustaba. Quería evitar que tuviesen los típicos vicios que se adoptan cuando uno lleva mucho tiempo haciendo las cosas de una forma concreta, con unos estilos y maneras diferentes a lo que yo quería inculcar.

Para empezar fuerte me fui a la competencia a pescar profesionales. Con 4 comerciales comenzaba mi andadura como jefe de ventas por primera vez, pero sobre todo como mentor, quería transformar a esas personas y darles el empaque que necesitaban. Quería que conociesen su verdadero potencial y amasen la profesión.

De todas las personas que capté para mi proyecto de la competencia había una que me pareció diferente al resto. Sus números de ventas en la competencia estaban fuera de toda duda, era la persona con unas mayores cifras de ventas, más estables en el tiempo y con una formación previa más alta. Para mí era el fichaje estrella.

Negociamos el contrato y le mostré como con el mismo nivel de ventas podría ganar el doble, así que trazamos un plan para conseguir aún más ventas en nuestra empresa. Básicamente el producto era muy parecido y la metodología podíamos adaptarla para que fuese de la forma más similar a como trabajaba antes.

Llegó su primer mes y las ventas fueron un 20% más bajas de las que estaba realizando cuando trabajaba en la competencia. Todos lo vimos normal, era el primer mes, teníamos mucha formación y adaptarse a los cambios lleva tiempo. No obstante, ese mes ganó más dinero que en su antiguo trabajo así que esta persona estaba muy contenta. Su segundo mes fue peor, sus ventas bajaron al 50%. Mientras tanto yo estaba preparando otro equipo de comerciales sin experiencia previa y estaba muy centrado en ellos, valoraba mucho que tuviesen la mente en blanco para adquirir no solo conocimientos técnicos de los productos sino metodología de trabajo. Aún con las ventas tan bajas, mi comercial se llevó para su casa una cifra económica un poco superior a la de su anterior trabajo. Pero ya no nos movíamos en las cifras que habíamos hablado al comienzo.

Quise no obstante que tuviésemos una charla, ver que ocurría. Me contó lo feliz que era ahora su vida, que seguía haciendo las rutinas del anterior trabajo, todo igual. Así que le hice la pregunta cuya respuesta yo ya sabía *"¿De verdad trabajas las mismas horas?"* Me miro y me dijo *"Sí, las mismas, lo único que ahora por la tarde voy a clases de inglés"* En su anterior empresa trabajaba dcsdc 10 de la mañana a 8 de la tarde, una de las cosas que le dejé claro al empezar conmigo es que aquí trabajábamos a comisión y que nosotros mismos nos autogestionábamos en un ejercicio de responsabilidad, yo no iba a ser su padre, si quería, podía servirle de guía, inspiración y formador pero su voz de la conciencia.

Un par de meses más tarde mi equipo está muy asentado, con muy buenas incorporaciones y estábamos dando ya unos números de ventas muy más que aceptables sobre todo para el poco tiempo que el proyecto llevaba en marcha. Todo parecía ir relativamente bien. Mientras tanto esta persona empezó a ausentarse muchos días del trabajo, nos decía que haría las gestiones desde casa por un tema de concentración y sus ventas llegaron dramáticamente a la cifra de 0. Finalmente decidió abandonar la empresa y cambiar de profesión, una verdadera de lástima porque su potencial era muy alto. ¿Qué fue lo que falló? ¿Cómo es posible que una persona tan válida pasase de ser un fichaje ilusionante a ser una persona para olvidar al pasar sin pena ni gloria?

Una de nuestras conversaciones recurrentes que tenía con esa persona era como podíamos lograr nuestros objetivos de ventas, trazar un camino recto hacia al éxito. Lo que falló fue que se salió de ese camino marcado y pautado.

Lo primero que le pedí es ¿Dónde queremos estar dentro de 10 años? Necesito saberlo para trazar el camino, sin objetivo no tenemos plan.

SIN OBJETIVO NO SE PUEDE TRAZAR UN PLAN

Su respuesta fue *"Quiero ganar dinero, mucho dinero"*. Eran mis primeros meses llevando agentes comerciales y fui muy drástico en la respuesta *"Es una mierda de objetivo"*. En aquella época era ya un talibán de los números, quería que me concretase una cifra. ¿El doble de lo que ganaba en la competencia? ¿Multiplicar esa cifra por diez? ¿Cuánto es mucho dinero? Le hablé de un libro de mi época universitaria *"Empresas que perduran: principios exitosos de compañías triunfadoras"*, malísima traducción de su nombre en inglés *"Built to Last"* (Construido para perdurar). En este libro, su autor Jim Collins nos explica lo que es el BHAG. Tu BHAG es tu gran, audaz y peluda meta, tu objetivo a larguísimo plazo. Ese objetivo tan a largo plazo, te va a dar miedo, pero tenerlo claro y alineado te va a ayudar a lograrlo. Cuando el autor del libro lo creó pensaba en definir planes para los próximos 10 o incluso 30 años.

Fue Bil Gates quien en los 80 dijo aquello de *"Un PC, en cada casa"*, eso es un BHAG. A Bill Gates le dijeron que estaba loco, que era imposible. Las personas seguían con su mente en el pasado, cuando los ordenadores pesaban toneladas y ocupaban habitaciones enteras. Por eso se puso un objetivo a largo plazo para ir dando pequeños pasos hacia él, había tiempo de sobra si todos sus esfuerzos se encaminaban hacia un final todavía lejano. Si tienes claro dónde quieres estar en 30 años, puedes definir dónde vas a estar en 20, en 10, 1 o incluso el próximo trimestre. Eso es un BHAG, tiene que ser algo que te emocione, no lo tomes como una meta sino como un sueño. Cumplir ese sueño es tu objetivo grande, peludo y audaz.

¿Cómo podría esta persona haber logrado su sueño? ¿Qué fue lo que falló? La única manera de lograr un objetivo es ponerle un número, muchas personas sueñan con lograr unos resultados, pero no dedican el tiempo necesario para poner la meta correcta. Por eso tenemos que definir nuestra meta.

También es importante dejar de conducir mirando por el retrovisor, esto sucede cuando creemos que nos enfocamos a hacia nuestro objetivo y conducimos hacia a él, pero no paramos de mirar para detrás, por el retrovisor. Si le preguntabas a esta persona como le iban las cosas te respondía explicándote lo que había hecho el mes pasado o los dos anteriores, eso es ya pasado y no cuenta, si miras el retrovisor no miras hacia tu objetivo.

Cuando uno tiene un objetivo claro, concreto y definido se vuelve muy cuidadoso con el tiempo. Si pierdes el tiempo no llegas a las metas, tienes que hacer un uso óptimo del tiempo. ¿Dejar de trabajar por las tardes era una buena idea?

Cuando esta persona se conformaba con ganar lo mismo que en su anterior empresa y aquí no le costaba esfuerzo, se estaba volviendo perezosa. Es muy difícil que una persona se exija más así misma si se conforma con lo que tiene, no consiste en querer ganar más dinero siempre, que también, sino en tener espíritu de superación. Tiene también que querer crecer personalmente, en el momento que empiezas a dejar de formarte estás empezando a morir. Todo cambia a una velocidad altísima y para adaptarnos al cambio tenemos que formarnos continuamente, si paramos estamos muertos.

En aquella última reunión que tuve con aquel comercial para intentar reconducir la situación, le hice una pregunta que me dio pie para contarle una historia. *"¿Cómo quieres que te recuerden en la empresa cuando te jubiles?"* No supo responderme y le expliqué la historia de los premios Nobel.

Alfred Nobel ha pasado a la historia por ser el empresario que creo y dio dotación a los premios que llevan su nombre. Como empresario había desarrollado una carrera exitosa en el mundo de los explosivos al inventar la dinamita. Además de su utilización en la minería cambió las guerras para siempre, el poder destructivo de las nuevas armas hacía palidecer a la vieja pólvora.

Cuando falleció su hermano Ludvig, muchos periódicos creyeron erróneamente que se trataba del propio Alfred abriendo sus cabeceras con titulares como *"El mercader de la muerte ha muerto"*. Esto impactó a Nobel que pudo leer su propia necrológica en vida en algunos diarios con frases como *"El Dr. Alfred Nobel, quien se hizo rico al encontrar maneras de matar a más gente más rápido que nunca antes, murió ayer"*. Esto le hizo cambiar y decidió crear los premios que hoy llevan su nombre para aquellas personas que han realizado un beneficio en favor de la humanidad.

Nuestra misión es también transcender de alguna forma. Debemos de ser capaces de crecer como profesionales, pero de crear algo que nos haga ser recordados, de ser un espejo para otros que vendrán detrás, por nuestro éxito y nuestras buenas prácticas.

Si esa persona hubiese seguido todos estos consejos, hoy estaría consolidada, sería recordada por todos y estaría ya a medio de camino de su gran, audaz y peluda meta.

¿QUÉ ES ACCOUNTABILITY?

¡Ya empezamos con los términos en inglés para parecer más interesante! No es así exactamente, el problema que tenemos con esta palabra es que no tiene una traducción al castellano. Se podría traducir como responsabilidad en el ámbito comercial o rendición de cuentas si hablamos de una administración pública.

En EEUU se entrega la Medalla de Honor al que demuestra *"valentía e intrepidez con riesgo de la propia vida, más allá de la llamada del deber, estando en combate contra un enemigo de los Estados Unidos"*. *Accountability* en ventas vendría a ser esto.

Uno puede ser un vendedor del montón, cumplir el objetivo mínimo de ventas y pasar por la oficina sin pena ni gloria. Vivirá una larga y anodina vida. Por eso las empresas necesitan comerciales con esta cualidad, son los que marcan la diferencian. Entre los equipos de ventas hay cierta tendencia a la negatividad, a ver el futuro oscuro y tener una visión cortoplacista. La idea que tienen es salvarse ellos y no hay necesidad de crecer o destacar.

Tenemos que intentar hacer el *accountability* en nosotros mismos y en los demás para poder afrontar los problemas y vicisitudes que seguro nos van a ir surgiendo en el día a día. Así que ahora vamos a explicar el término en profundidad.

Como os decía al principio tenemos problemas para traducir esta palabra. Sería una mezcla entre la responsabilidad y la actitud que un individuo tiene en el ámbito laboral y que le lleva a situarse de manera activa antes los problemas. Esta es la forma óptima de trabajar en un equipo de ventas. Podemos decir que una persona tiene esta cualidad si cumple una serie de reglas. Es importante saber reconocerlo porque tenemos que buscar siempre rodearnos de personas que lo utilicen para la realización de sus tareas y proyectos, y por supuestos, desarrollar nosotros mismos esta forma de ver el negocio. Estas personas tienen un sentido de la responsabilidad y el cumplimiento sin necesidad que nadie se lo esté recordando constantemente.

Los tres factores que representan el *Accountability* son:

Compromiso

El vendedor debe hacerse dueño de la tarea asignada, va a poner todo lo que esté en su mano para lograr los objetivos de la organización porque los asume como propios. No falla a la empresa, se falla así mismo sino lo logra.

Proactividad

No espera órdenes, una vez que entiende el mecanismo de la organización toma iniciativas. Sabe cuál es su papel (y si no lo sabe hace por entenderlo rápidamente) Se involucra de esta forma con un alto nivel de intensidad y sabe cuándo pedir ayuda para lograr sacar delante de los proyectos.

Responsabilidad

Da la cara siempre, en los buenos datos y en los malos, tanto a nivel individual como de grupo. Es decir, si todo sale bien revindica su participación, pero si sale mal no esconde su responsabilidad en los errores. Además, está dispuesto siempre a rendir cuentas por su compromiso.

¿Cómo podemos lograr tener *Accountability*?

Pero una cosa es definirlo y otra lograr aplicárselo a uno mismo. ¿Cómo podemos desarrollar ese nivel de compromiso, proactividad y responsabilidad dentro de nuestra empresa? Sabiendo que es la única manera de ganar más dinero y prosperar. El *Accountability* tiene que ir acompañado de nuestra ambición, sino no sirve de nada, esta cualidad es sinónimo de éxito.

Para aplicar correctamente esta forma de trabajar y ganar en eficiencia y crecimiento es necesario seguir estas recomendaciones.

No culpar a factores externos de los fracasos.

Una persona con suficiente liderazgo no busca culpables ni pone excusas cuando las cosas no salen bien. Se asume la responsabilidad y se buscan soluciones. Además, él mismo va a buscar la forma de reparar el daño y alcanzar el objetivo. No necesita que nadie se lo diga, sabe que tiene que ponerse en marcha. Nunca debemos juzgar a las personas por caerse sino por no levantarse. Cuando fallamos y no nos salen las cosas bien no es el Universo que conspira contra nosotros.

Que sean los resultados quienes hablen por ti

Un vendedor es lo que hace, no lo que dice que va a hacer. Tienes que demostrar con acciones e iniciativas lo que puedes hacer. Cuando Scottie Pippen jugaba en los Chicago Bulls del grandísimo Michael Jordan, tuvo la poca habilidad de firmar un contrato muy largo, pero poco ventajoso económicamente. Siendo el fiel escudero de *Air* Jordan acabó el año 1997 con 121 jugadores de la NBA cobrando más que él (Y era uno de lo mejores jugadores de la liga). Se entrenó más duro que nunca e hizo que sus números de en la cancha hablaron por él, en la siguiente renovación tuvo por fin el contrato que merecía.

Ser efectivo y rápido

Hay que buscar soluciones a cada problema o por lo menos analizarlas y proponer algo. La inacción no sirve absolutamente de nada. Ante los problemas no nos podemos quedar paralizados mirando como el coche viene contra nosotros, debemos movernos; puede que hacia un lado, intentar saltar por encima del coche... lo que sea, pero por lo menos tenemos que movernos. Hacernos la víctima en estos casos tampoco ayuda.

Evalúa y mejora

Tenemos que estar constantemente revisando nuestros objetivos, los que no han propuestos y los que nosotros mismos nos hemos impuesto. Tenemos que luchar porque los números estén por encima de las expectativas que tienen los demás de nosotros.

Mientras tanto, tenemos que realizar un seguimiento de las metas para tener más posibilidad de lograr el éxito.

Reconocer las conductas apropiadas

Tenemos que fijarnos siempre en quien lo hace bien, ver como lo hace y adaptar su estilo al nuestro, o quizás cambiar el nuestro radicalmente si no funciona. Nuestro objetivo es ser un ejemplo para nuestros compañeros y ser el espejo en el que los demás se miren, pero si no es así, intentar absorber todo lo que hace buenos a los demás.

Con esa forma de entender nuestra actividad comercial cambiaremos nuestra vida en lo profesional, pero también nos sirve en lo personal, porque con esta actitud los resultados van a llegar siempre.

LA BASE GENÉTICA DEL VENDEDOR

Dedicábamos un capítulo a la aptitud por encima de la actitud, hemos hablado de la *accountability* y también de lo importante que es la formación. Lógicamente es la mezcla de todo esto lo que hace una persona triunfe o fracase, no hay más. Su pericia poniendo en práctica lo que más adelante vamos a ver en el libro determinará la magnitud de su impacto en la empresa donde trabaje como vendedor.

Existen varias clases de vendedores por su forma de trabajar. Tenemos a los **cañoneros**, los **cazadores** y los **francotiradores.** Vamos a explicar en qué consiste cada tipo de vendedor y sobre todo, cómo realizar la evolución del primer tipo al último.

Cañonero: Es el que dispara a todo lo que se mueve, no discrimina; y cuando hace la venta saca todos los argumentos. Le da igual que la persona sea viuda, él va investigar si su marido tiene poder decisión, le da igual su poder adquisitivo porque le va a enseñar todo el muestrario de productos .... No tiene claro ni los argumentos ni las armas a usar, aunque no podemos negar que es una persona muy echada para adelante. Si nos encontramos con un vendedor que comienza su actividad y encaja en este perfil, lo más importante es no desanimarlo, sino reconducirlo. Esta persona está sacando todo su repertorio y se está esforzando, mal, pero lo está haciendo.

Cazador: Conoce muy bien los productos de la empresa y sale a buscar su presa, piensa que echándose a la calle tarde o temprano un animal se cruzará en su camino. Como sí sabe vender, es capaz de cerrar las oportunidades que se le presentan, pero podría ser más efectivo. Estamos ante un profesional, todavía le queda recorrido para mejorar, pero la base es buena.

Francotirador: Este está en la cúspide, entiende como encajan producto y argumento por eso solo necesita un disparo, una bala y estás muerto ante él. Además, se adapta perfectamente al entorno porque sabe leerlo. Los demás cazadores sienten envidia de él, no necesita tantas horas para lograr las mejores ventas, su máxima es *"una bala, una venta"*. ¿Suena bonito verdad? Nuestro objetivo es llegar aquí.

Todos empezamos como cañoneros para poco a poco ir convirtiéndonos en cazadores. Solo después de mucho practicar y de mucho fallar podemos llegar a ser francotiradores. Un buen francotirador sabe escuchar las peticiones y necesidades de los clientes. Y a todo eso aprende, por eso tenemos que adiestrar las habilidades al lado de personas que realmente sepan cómo funcionan el negocio

En el libro de Alfred Peris y David Cuadrado nos explican lo que tienen en común los catadores de vino y los comerciales, la utilización de los cinco sentidos. Para poder vender tenemos que usarlos y al igual que un buen catador, observar al cliente detalladamente para apreciar todos sus matices.

Un buen comercial usa el **OÍDO** para maximizar la escucha activa, el oído hace al vendedor. Cuando el cliente hable no debemos interrumpirlo si está en medio de una argumentación y aprovechar sus pausas y silencios para obtener más información. Si prestamos atención no solo a las palabras, sino también a la forma de expresarse, su entonación o ritmo podemos ir más allá de un simple sí o no.

Usamos la **VISTA**, tenemos que hacer algo que le llame a la atención a nuestro prospecto y le entre por los ojos. Cuando hemos conseguido eso será el momento de argumentar y situar al cliente en el lugar donde necesitamos que esté. Primero preguntas abiertas para ponernos en situación y luego preguntas cerradas para confirmar que lo que hemos visto es el problema y nosotros debemos solucionar. Esto es lo que veremos en la parte de la ENTREVISTA.

Con el **OLFATO** podremos a ayudar al cliente a distinguir entre los beneficios que le puede dar una solución u otra y crear el argumento definitivo que lo mueva hacia la compra. Aquí también se situarían los valores de seguridad, novedad, economía… cualidades que no se pueden tocar pero que impulsan las ventas.

En el **GUSTO** está el argumento que reconoce las necesidades y los móviles de compra. Cuando detectamos esto lo transformamos en el argumento que le indica al cliente *"este es el producto que satisface sus necesidades"*. Al ser todo un proceso, cuando mejor comenzamos más fácil es llegar al argumento personalizado definitivo.

Finalmente tenemos el **TACTO**, porque si no hemos hecho un proceso bien argumentado vamos a obtener la venta automáticamente. Hay que implicarse más con el cliente, que vea que nos acercamos a él de una forma diferente a los demás comerciales, que nuestra relación pretende ser duradera, que tenemos un interés comercial, pero vamos en serio.

En todos mis años al frente de equipos comerciales he visto a personas con grandísimas cualidades innatas para la venta. Comerciales que tenían una propensión natural a desarrollar los 5 sentidos entrenándose y esforzándose por hacerlo cada vez mejor. Pero es muy fácil decirlo y más complicado hacerlo. Cuando una persona empieza tiene que intentar usar a un mentor, una persona que lo guie y le muestre como moverse en este mundo, a conocer las técnicas de caza más apropiadas de ese sector en concreto.

Nunca imitar a los buenos ha sido malo, todo lo contrario. El problema viene cuando pensamos que sin demostrar nada sabemos más que aquellos que lo están haciendo bien, que el que lleva años triunfando es por suerte y que nosotros somos los verdaderos cracks cuando acabamos de empezar.

En los tiempos en los que escribo este libro existen dos jugadores de fútbol que acaparan toda la atención mundial y están consideradores de los mejores de la historia, Cristiano Ronaldo y Lionnel Messi. El primero es un futbolista hecho a base de entrenar y machacarse horas y horas en el gimnasio y en el campo de entrenamiento; el segundo en cambio tiene un talento natural, el balón parece una prolongación de su pie. Se puede no tener ese talento natural, pero a base de entrega, lucha y sobre aptitud se puede lograr todo.

He tenido en mis equipos a muchos Messi que por su orgullo no han llegado a nada, eran los que no escuchaban en los cursos de formación, los que no querían hablar en las reuniones de grupo porque no les aportaba nada, los que cuando recibían un consejo para ellos era una humillación. Hoy ya no están trabajando de comerciales. En cambio, he tenido también vendedores que han empezado con una actitud humilde, pero con unas ganas de enormes de comerse el mundo, aprender y crecer. Hoy esas personas son líderes en sus organizaciones y están ayudando a muchas más personas a ser como ellos.

Si tu frase sincera al llegar a tu nueva empresa es *"Vengo sobre todo a aprender de vosotros"* tienes ya mucho ganado.

LA VENTA ÉTICA

Cuando Isaac Asimov estableció sus 3 leyes de la robótica pretendía diseñar una serie de normas inquebrantables para los robots con cerebros positrónicos (Un tipo de cerebro que les dotaría de cierta conciencia). Las 3 leyes decían lo siguiente:

1- Un robot no hará daño a un ser humano por acción, por inacción, ni permitirá que un ser humano sufra daño.
2- Un robot debe cumplir las órdenes dadas por los seres humanos, a excepción de aquellas que entren en conflicto con la primera ley.
3- Un robot debe proteger su propia existencia en la medida en que esta protección no entre en conflicto con la primera o con la segunda ley.

Con esta especie de código ético, los humanos podíamos estar tranquilos y a salvo de los ataques de las inteligencias artificiales. De existir estas 3 reglas nos hubiéramos ahorrados las películas de Terminator (*SPOILER*) ya que las máquinas jamás se hubieran rebelado contra nosotros.

Para los vendedores he diseñado también, basándome en la obra de Asimov, 3 simples normas que podríamos definir como un estilo de vida para cumplir con nuestra máxima de dormir bien por la noche y con la conciencia tranquila. Recordad que nuestro objetivo con esto es establecer relaciones de confianza mutua y seguridad en nuestro negocio, esto va a hacer que nuestro potencial cliente nos perciba como una oportunidad y no como una amenaza.

Las 3 leyes serían las siguientes.

1- Debemos de vender productos que el cliente honestamente necesite.

2- Debemos vender productos que el cliente nos acepte comprar salvo que incumpla la primera ley.

3- Nuestro objetivo es vender lo máximo y ganar lo máximo en la medida que no entre este objetivo en conflicto con la primera o con la segunda ley.

Tenemos claro con la primera norma, que no vamos a engañar al cliente, por lo menos conscientemente. Ofrecemos algo o lo vendemos en la medida que el cliente bajo nuestro punto de vista profesional lo necesita, nada más, de forma clara y honesta. ¿Qué mayor satisfacción personal vender algo a alguien que le viene bien? (NOTA: No vivimos de la satisfacción)

Con la segunda norma nos "obligamos" a no forzar al cliente a comprar, es decir, evitamos esas situaciones en las cuáles sabemos que el cliente tiene ante sí una oportunidad única ante una oferta irrechazable pero aun así se niega. Con esta norma nos evitamos el utilizar trucos y artimañas, aunque en el fondo sepamos que cumpliríamos la primera norma (El cliente realmente necesite el producto).

Por último, la regla final, al igual que en las leyes de la robótica, nos sirve para protegernos a nosotros. Todo este proceso de venta pasa por asimilar la naturaleza de los tratos, esto es un negocio, así debemos vivirlo y así debemos tratarlo. Vamos a intentar maximizar nuestros ingresos y vamos a intentar vender cuanto más podamos; eso sí, cumpliendo este código ético.

Yo he visto a comerciales cambiar de acera al ver a lo lejos a un antiguo cliente o tener que dejar de acudir a un establecimiento por un *"mal trato"*. En definitiva, esconderse por no haber hecho las cosas de la forma más ética.

La honestidad con el cliente y con uno mismo es el único camino. Dormir bien por la noche con la conciencia tranquila no es una opción, es una necesidad.

LA VENTA

LAS FASES DE VENTA Y SUS PROBLEMAS

La venta es un proceso que según los cánones sagrados de todo buen comercial consiste en el arte de conseguir que una persona nos compre. Como definición quizás quede un poco tosca, la venta tiene que ser mucho más o por lo menos, en estos momentos, debe serlo. En los próximos capítulos del libro vamos a ver el proceso de venta entero, paso a paso. La clave es cumplir todas las partes del proceso y no saltarse ninguna. Esta forma de hacer las cosas la llamo el método de las **5 Pes** y como veréis más adelante, el orden no es un capricho.

Presentar

Preguntar

Proponer

Presionar

Prospectar

Cuando estamos vendiendo, el primer paso es presentarnos, hacerle la entrevista al cliente con las preguntas adecuadas para descubrir sus necesidades, proponerle una solución, presionar para hacer el cierre y finalmente pedir referencias volviendo a prospectar.

Si fallamos en alguno de los 4 primeros pasos vamos a tirar la venta por la borda, si ignoramos el 5 paso no tendremos nuevos clientes a los que vender. De ahí la importancia de realizarlos todos y de hacerlo lo mejor posible.

Pero antes de poner en práctica nuestras tácticas de disparo, vamos a buscar clientes.

LA PROSPECCIÓN EN EL SIGLO XXI

Cuando tenemos que buscar posibles nuevos clientes tenemos que salir a la calle a hacerlo. Existen muchos nichos de mercado, cada uno con unas características, unas ventajas y unos inconvenientes.

Principalmente podemos hablar de:

- Mercado natural
- Mercado referenciado
- Mercado templado
- Mercado frío

El **mercado natural** es aquel en el que los futuros clientes son conocidos nuestros y ya hemos establecido una relación de confianza previa al hecho de hacer negocios. Ambas partes nos conocemos y existe una propensión natural a escucharnos y ayudarnos. Es, por decirlo de alguna forma, el más fácil pero también el más delicado.

El **mercado referenciado** es aquel al que llegamos por recomendación de otra persona, vamos de su parte y eso siempre nos permite tener una ventaja que muchas veces puede ser decisiva. Es el mercado que más debemos intentar explotar y potenciar. Los niveles de crecimiento de nuestro negocio pueden llegar a ser exponenciales si somos capaces de trabajarlo y desarrollarlo de forma óptima. La clave para ello es la obtención de referencias, tema que veremos más adelante.

El mercado referenciado, es el mercado que más debemos intentar explotar y potenciar.

Por **mercado templado** se entiende cuando no conocemos a los prospectos personalmente, pero nosotros si tenemos algún dato suyo. El ejemplo más claro son las bases de datos de clientes, cuando nuestra empresa nos proporcionar contactos de antiguos clientes o clientes que pueden ser potenciales compradores de otro producto. No los conocemos ni hemos hablado antes con ellos, pero si tenemos algún tipo de conocimiento, por ejemplo, su edad, que tienen contratado ya, si han participado en más campañas de este tipo, su poder adquisitivo… Aquí dependemos de nuestra organización. ¿Tienen bien segmentadas las bases de datos? ¿Están actualizadas? ¿Los datos almacenados son relevantes?

El **mercado frío** es el último de nuestra lista. Entrar en una comunidad de vecinos, subir hasta la última planta, bajar lentamente picando todas las puertas e intentar vender una aspiradora es puerta fría; pero ir a un restaurante a vender nuestras patatas artesanas también. Este tipo de mercado no se puede menospreciar porque tiene una característica que lo hace único, es casi infinito. Al igual que la ardilla que podía recorrer España de norte a sur saltando de árbol en árbol, uno puede picar puerta de igual forma y no terminaría nunca, tendría siempre más puertas para picar. Llamar por ejemplo a guía de teléfono al azar es mercado frío, no sabemos quién nos va a coger el teléfono (puede que esté hasta muerta la persona a la que llamamos), de ahí que se diga de este mercado que puede llegar a ser infinito o casi.

La clave de un buen vendedor es conocer todos los mercados, probarlos y desarrollar aquel donde estemos más cómodos y mejores resultados nos ocasione. No podemos cerrarnos desde el principio a trabajar el mercado frío, quizás necesitemos estar más seguros con el producto, pero tarde o temprano tendremos que sacar datos estadísticos de nuestra eficacia. También es importante trabajarlos para salirnos de nuestra zona de confort, si estamos excesivamente cómodos de trabajar a un nicho concreto podemos abusar tanto que lo terminemos agotando por sobreexplotación. (Venderle algo a tu madre está bien, pero solo tienes una).

Un vendedor debe ser lo más completo posible y haber probado todos los mercados antes de decir que uno no se le da bien o no le gusta.

EL MERCADO NATURAL

El primero de los mercados que nos vamos a encontrar es este, forman parte de él nuestros familiares, amigos y personas de nuestro entorno. Cuando comienza en el mundo comercial la primera tentación es recurrir al mercado natural, son las personas con las que más tiempo pasamos y hablamos, aunque a la vez nos puede producir un rechazo, podemos llegar a sentirnos mal por vender a nuestra familia. ¿Cuáles son los pros y contras? En la siguiente tabla vamos a analizarlo y ver la mejor forma de actuar en cada caso.

A favor	En contra
Es una venta fácil para comenzar.	Al requerir menos esfuerzo puede dar sensación de falsa seguridad
Perdona ciertos errores de novato sobre todo en el conocimiento del producto.	Se puede transmitir falta de profesionalidad.
Los potenciales clientes suelen dar más información de lo normal.	Un gran poder conlleva una gran responsabilidad.
El seguimiento posterior de la venta es más sencillo con estas personas puesto que seguiremos en contacto con ellas.	Podemos caer en la autocomplacencia e ignorar sus necesidades
A igualdad de condiciones van a comprarnos a nosotros	Perdemos la perspectiva de no ver que lo importante es realizar una buena oferta.

No es posible vivir solo del mercado natural, tarde o temprano se agota. De igual, forma, no se puede crecer profesionalmente centrándose en ese grupo de contactos, la experiencia que se obtiene trabajando en este mercado es muy limitada, al fin y al cabo, esto no es el mundo real, no todo el mundo nos va a escuchar y prestar atención como nuestro mejor amigo ni vamos a tener tanta información sobre las necesidades del cliente como si pudiera pasar con un primo nuestro.

Al arquitecto suizo Le Corbusier (1886 - 1965) se le considera uno de los máximos exponentes de la arquitectura moderna del siglo XX siendo uno de los más influyentes en todo el mundo. Comenzó diseñando pequeños chalés alpinos en su Suiza natal a familiares y personas de su entorno, siendo una de sus primeras creaciones para sus propios padres. De no haber abandonado su pueblo no habría conocido las vanguardias que recorrían Europa y que le consolidaron como un visionario y adelantado a su tiempo. Le Corbusier podía haber sido un arquitecto más en su pueblo de relojeros suizos, pero quiso crecer.

Comenzar por el mercado natural y fracasar, hacer las cosas mal o intentar tomar atajos es perder toda la credibilidad. El camino del comercial no es un camino sencillo ni mucho menos recto, siempre vamos a tener que reinventarnos en nuestro día a día por ese mismo motivo el apoyo de la familia y entorno es fundamental. ¿Cómo conseguirlo si les hemos fallado? O, mejor dicho, si les hemos engañado. Por eso hay que ser muy cuidadoso con las ventas en este mercado. Cuando un familiar o amigo nos compra por compasión estamos perdiendo la posibilidad de entrar en el verdadero mercado que nos interesa, el **referenciado**. Solo siendo extremadamente escrupulosos y profesionales podemos generar verdaderas relaciones de confianza.

Jamás debemos de forzar una venta en este mercado, jamás debemos apelar a los sentimientos de amistad y muchísimo menos a la compasión para que nos compren. Si lo hacemos, aunque solo sea una única vez, habremos perdido a esa persona y ese entorno para siempre. Si nuestra gente nos ve como un aficionado nosotros mismos nos veremos así. Es la imagen que proyectamos ante los demás el primer reflejo que nosotros mismos vamos a ver de nosotros mismos.

Los productos que comercialicemos tienen un público objetivo. Nuestra primera tarea en el mundo comercial consiste en identificar los posibles prospectos que pueden existir dentro de nuestro entorno más cercano. Siempre desde un punto de vista ético y comercial (ambos atributos pueden y deben coexistir).

Si el nicho de nuestro producto es muy reducido y nadie de nuestro entorno puede servirnos debemos pasar al siguiente capítulo del libro para crear nuevas relaciones de confianza y una vez hechas podremos realizar el siguiente ejercicio, "El árbol de referencias".

Un árbol de referencias es un ejercicio inicial muy práctico y sencillo de realizar al comenzar nuestra labor comercial, consiste en poner en una cartulina distintos árboles y dibujar sus ramas. Vamos a explicarlo con un poco más de detenimiento.

Imaginémonos que nuestro amigo se llama Paco, es un potencial cliente. También lo son su hermana, sus padres y su socio Alberto, Paco tendría su propia rama.

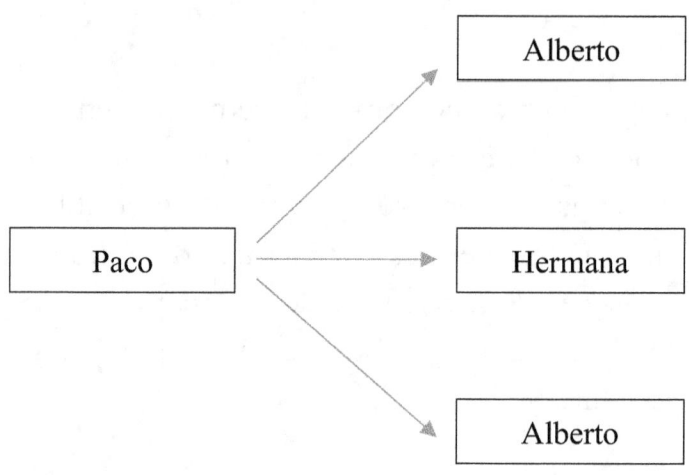

El objetivo de este ejercicio es tener todos los árboles de los que podamos sacar ramas que nos aporten negocio. Cada árbol puede tener muchas personas, algunas pueden ser interesantes u otras no, debemos plasmar en un documento todo nuestro círculo de conocidos, una vez hecho el árbol nuestra siguiente tarea es anunciar a todo nuestro entorno a que nos dedicamos. Para hacer esto no es necesario llamar a todos nuestros amigos o conocidos para "venderles algo", este no es el momento, simplemente queremos anunciar lo ilusionados que estamos con nuestro nuevo proyecto, nada más. En muchas de estas llamadas o mensajes será el interlocutor el que nos ayude a rellenar las ramas del árbol o incluso descartes (tomar la determinación de no venderle a alguien es un acto comercial en sí).

EL MERCADO REFERENCIADO

El mercado referenciado es el más importante, FIN. Me gusta empezar con una afirmación tan tajante. Ni el mercado natural te va a estar dando prospecto eternamente, ni en el mercado frío vamos a conseguir la misma calidad que en el referenciado.

Los contactos que conseguimos a través del mercado referenciado se llaman referidos. En el marketing online son por ejemplo los clientes que llegan a ti a través de Facebook porque han visto un anuncio tuyo que ya estaba segmentado; por ejemplo, vendes zapatillas de deporte y un enlace a tu tienda online aparece en un grupo de esta red social de runners. Son por lo tanto la pieza más codiciada de los negocios online.

En el mundo de las ventas más tradicional son básico para un crecimiento exponencial. Las referencias que conseguimos de nuestros primeros contactos son las ventas futuras y es por ella que por muchas que conseguíamos debemos intentar sacar más. A más referidos más éxito, la cantidad de estos determina el crecimiento futuro.

Y es que en el día de hoy la mayoría de los vendedores necesitamos desesperadamente más referencias por lo que necesitamos imperiosamente aprovecharnos de los contactos que puedan proporcionarnos nuestros amigos, conocidos o clientes.

¿Cómo consigo las referencias? Tendremos un capítulo más adelante solo sobre este asunto, pero básicamente se basa en dos claves

1- Escucha activa
2- Deuda del cliente

Durante la charla que tenemos con el cliente pueden salir a relucir ciertos nombres de personas, conocidos que dentro del contexto de los productos que nosotros vendemos tendrían encaja según el propio cliente "Mi hermano tiene una casa igual que la mía con este mismo problema". La información es poder y nunca mejor dicho, tenemos que almacenar toda la información en nuestro disco duro interno. Los posibles contactos que el cliente nos puede dar muchas veces han salido en la conversación, la gente suele hablar de los familiares y amigos con los que tiene confianza.

El cliente del siglo XXI sabe que las referencias son la base de nuestro negocio, pero aquí se invierten los papeles, tenemos que lograr que nos las vendan ellos a nosotros para poder ser nosotros quienes se las compren. ¿Cómo se logra? Como dice Richard Branson fundador de Virgin, tenemos que enfocarnos en las necesidades realistas de nuestros clientes y no solo satisfacerlas sino incluso excederlas. Si hacemos eso ¿No nos recomendarías a tus conocidos para poder ofertas nuestros productos? Una vez más, cuando se crea una relación de confianza seria y estable, es más fácil conseguir referencias en el cierre de ventas, pero incluso se puede dar el caso que vayan suministrándonos referencias cada cierto tiempo.

En el capítulo dedicado al mercado natural veíamos lo que era un árbol de referencias, un buenísimo ejercicio inicial cuando uno comienza. Con las nuevas referencias obtenemos prospectos cualificados para ir nutriéndolo y hacer más frondosas sus ramas.

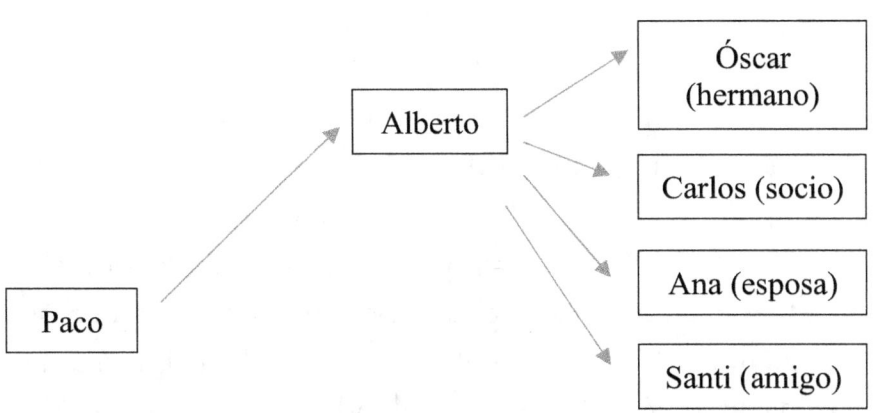

EL MERCADO TEMPLADO

El mercado templado, está formado por los **leads**, un **lead** es un cliente potencial del que tenemos algunos datos (su nombre, teléfonos, email, fecha de nacimiento...) que está abierto a comunicaciones comerciales.

Pueden ser desde clientes de la Compañía que tienen algún producto ya con nosotros, personas que han rellenado una encuesta y cedido sus datos o incluso personas que han mostrado interés de alguna forma por nuestros productos y han dejado su nombre y email. Estos últimos tienen incluso la consideración de mercado caliente.

Podemos obtener este tipo de prospectos de 2 maneras

1. Generando nosotros estos leads, ya sea utilizando redes sociales o marketing digital.

2. Utilizando (con permiso) la base de datos de nuestra Empresa.

Para poder atacar este mercado tenemos que potenciar al máximo estas 4 características que nos van a hacer que sea más eficaz.

1- Homogénea

La división entre los distintos prospectos debe ser lo más clara y sencilla posible.

2- Sustancial

El tamaño debe ser lo suficientemente numeroso como para justificar el esfuerzo de dirigirse a él

3- Medible

Gracias al tamaño podemos conseguir que el resultado que obtengamos sea medible. Si con 3 referencias logramos obtener dos ventas puede ser simplemente casualidad. Debe tener por lo tanto un tamaño que permita sacar conclusiones.

4- Accesible

Cuando decimos accesible nos referimos a la facilidad con la que conseguimos los datos para trabajarlos, pero sobre todo para poder explotarlos y realizar un planteamiento serio y ordenado.

Es muy complicado que un solo individuo pueda generar una base de datos por sí mismo tan grande. En estos tiempos tendrás que recurrir a tu empresa, a la compra de base de datos o crearla mediante un programa automatizado de referidos.

Hablar de Big Data quizás sea un tema muy complejo que se escape al enfoque de este libro, pero si tenemos que hablar de mercado templado, es precisamente esto. El Big Data es un término que nos sirve para describir un gran volumen de datos, tanto estructurados como no estructurados. Aunque el nombre nos pueda llevar al equívoco, lo importante no es la cantidad sino lo organizados que estén estos datos y lo que nos puedan ayudar a tomar buenas decisiones y generar oportunidades de negocio.

¿Cuándo son unos datos valiosos? Cuando nos sirve (eso podemos saberlo midiendo el éxito) para conseguir nuevas ventas o anticiparnos a futuros escenarios (clientes que se van a dar de baja).

Trabajar con base de datos segmentadas nos va a ayudar a hacer un seguimiento de los patrones de consumo y poder descubrir la propensión que tienen candidatos a clientes a contratar nuestro producto, bien sea por una manifestación revelada (contestaron una encuesta) o por tener un perfil (varón soltero sin hijos con altos ingresos puede ser un buen candidato para comprar un coche deportivo).

Tener un mayor conocimiento de nuestros clientes nos va a permitir adelantarnos a la competencia y segmentar a nuestros clientes en distintas categorías, desde clientes más o menos rentables, clientes uniproducto, clientes referenciadores ...

También nos permite diseñar campañas más personalizadas. Esto es importante porque son personas o empresas que son clientes nuestros, pero nosotros no conocemos, si la base de datos es amplia y nutrida podemos diseñar una Campaña de forma óptima, lo cual nos va a ayudar a ahorrar tiempo y dinero.

EL MERCADO FRÍO

Toca ahora hablar de la llamada *"puerta fría"*. Este ha sido el método de prospección más importante desde que apareció el primer comercial (las pruebas de carbono 14 determinan que este surgió en el Paleolítico superior).

Vamos a explicarla en profundidad. Es una técnica comercial de prospección donde los representantes de una empresa o negocio local, visita un domicilio o local de un potencial cliente sin cita previa y sin haber este solicitada información del producto o servicio. Por eso se le conoce como "picar puerta", si lo hiciésemos por teléfono (lo veremos más adelante) se llama *"llamada en frío"*.

Es complicado explicar los obstáculos que tiene esta técnica. Pero vamos a ver los más relevantes.

1- Pica puerta es un arte y por tanto es complejo. Al igual que la venta requiere su preparación y poseer las técnicas apropiadas para hacerlo con éxito.

2- Puede ser **psicológicamente duro**. La tasa de éxito es más baja que en otro tipo de prospecciones y es fácil que el comercial se inunde de pensamientos pesimistas y derrotitas "yo para esto no sirvo".

3- Es repetitivo. Al tener una tasa de efectividad más baja, hay que "picar" mucha puerta para lograr la venta, esto puede quemar al comercial y generarle frustración.

¿Qué ventajas tiene entonces? ¿Cuál es el motivo de seguir haciéndolo en pleno Siglo XXI?

Pues que es infinito y un complemento ideal para nuestras rutinas de ventas.

Un comercial podría recorrer todo el país de punta a punta (al igual que la ardilla que salta de árbol en árbol) picando puertas. Dominar esta técnica implica tener actividad todo el tiempo que necesitemos mientras conseguimos referencias de los otros mercados que vimos antes. ¿Vas a hacer una visita al cliente en un polígono industrial? Al salir vas a visitar la nave industrial de al lado.

Hace muchos años, estaba sentado en una terraza en una cafetería, cuando un grupo de jóvenes embriones de vendedores sin formación ni experiencia quedaban con un jefe de grupo para repartirse bloques de pisos, se empezaba por el piso de arriba para ir poco a poco bajando en todos (era más cansado comenzar por abajo, al empezar en el último piso subían en ascensor). No siempre eran bloques de piso, también servía para pueblos, calles o polígonos industriales. Este era el método de los vendedores de enciclopedias, cosméticos, sillones relax, seguros, telefonía …

Si hablamos de construir relaciones duraderas y de confianza que permanezcan estables en el tiempo ¿Cómo se puede hacer esto si hemos dado con el cliente por mera casualidad? ¿Nos vale todo para vender? ¿Existe práctica más anacrónica y con peor imagen? ¿Qué joven quiere trabajar picando puertas?

Trabajar la puerta fría de esta manera denota una falta de interés total por construir una relación real con nuestros clientes. Si solo nos importan las ventas, estas pueden salir de esta manera y da igual.

Parte de la mala fama de los vendedores es por los métodos usados en la puerta fría. Te pican en tu puerta, abres y ves a chicos con una sonrisa forzada contándote el superproducto especial que tienen para ti, pero resulta que la persona que abre la puerta es el albañil que está alicatando el cuarto de baño, da igual, también le puede servir. Todo vale en la puerta fría. Hay que picar muchas puertas para lograr muchas ventas y ganarse las comisiones, el mes que viene ya estaremos haciendo otra cosa. ¿Quién se jubila vendiendo de esta forma?

Las empresas que fomentan este tipo de venta suelen utilizan subcontratas para poner a chavales sin experiencia ni contrato a realizar esta tarea. El coste de adquisición por cada cliente nuevo es muy bajo, la empresa matriz no arriesga nada, solo paga por venta nueva. En cambio, el daño a la imagen es terrorífico. ¿Merece la pena? La agresividad de estos comerciales, la necesidad económica, unida a la falta de experiencia y la idea que su trabajo en el fondo es temporal hace que muchas veces sirva todo para lograr la venta.

¿Cómo se debe vender a puerta fría? Vamos a poner en orden los pasos para realizar este desafío de forma correcta.

1- Preparación: Tienes que comprender lo que vendes. Aquí no hay segundas oportunidades, no puedes dudar, debes conocer el producto y tener preparadas las respuestas a las principales dudas que suelen tener los clientes. Recuerda que no te conocen de nada y no te han llamado, eres tú el que está intentando entrar en su espacio.

2- Actitud positiva: Si balbuceas cuando te abren la puerta estás muerto. Para eso vuelve al punto uno, conocer el producto. No puedes vender algo que no te crees y sino lo conoces no puedes tener confianza en ello. La seguridad en uno mismo se transmite.

3- Establece una conexión: Tiene 10 segundos antes de que te cierren la puerta en tu cara. Es importante por lo tanto establecer esa conexión. Preséntate y haz preguntas simples como preguntar el nombre de la persona y preguntarle que tal está siendo su día. Esto te ayudará a creer un ambiente agradable y de confianza.

4- Comunica tu mensaje: Pero de forma clara y sencilla. El cliente debe tener claro a lo que vas y lo que vendes, no puede tener dudas y pensar que quizás le estás haciendo en una encuesta en lugar de una venta. Tienes muy poco tiempo después de la presentación oficial para convencerlo en cómo puedes mejorar su vida o solucionarle un problema.

5- Escucha atentamente: Quédate con la información que te está dando el cliente y sobre todo déjalo a hablar a él. Tú tienes tu discurso preparado para soltarlo de forma veloz, si el cliente quiere hablar, déjalo hacerlo. Es la mejor forma de entenderlo y de mostrarle tu interés.

6- Se persuasivo: Utiliza alguna de las técnicas de venta que vamos a ver, háblale de algún vecino de la zona que se ha interesado por tus productos y de lo satisfecho que está. Ponle un ejemplo sobre un uso real del mismo.

7- Cierra la venta: El cliente antes de picar tú no estaba pensando comprar nada. Le has convencido, cierra la venta. ¿Cumple los requisitos de la venta ética? Pues adelante.

8- Irse pronto es triunfar: Si sabes que no te van a comprar, no pierdas más el tiempo. Quizás la persona que tiene el poder decisión no está en casa y te lo han dejado claro. No sigas insistiendo, no pierdas tu tiempo cuando podrías estar ya picando la puerta de en frente.

9- Hazte de valer: Si el cliente quiere que lo visites otro día no cambies toda tu agenda y canceles todo por él. Organiza una nueva visita y dale tu teléfono para que te avise si surge algún imprevisto (tú coge el suyo también para ser igual de responsable).

10- Prospección complementaria: Esta es la forma conseguir los clientes con menos porcentaje de éxito, pero es infinita. Úsalo como complemento para rellenar los huecos de tu agenda.

LA PROSPECCIÓN TELEFÓNICA

Debido a los cambios tecnológicos de los últimos años muchos piensan que la venta telefónica está obsoleta. Los grandes gurús del telemarketing como Russell Meiselman opinan que, para las grandes compañías, la venta telefónica puede tener entre un 60% y 90% de efectividad dependiendo del tipo de producto que comercialicemos. Ya tenemos una primera advertencia, no todos los productos se pueden vender por teléfono.

Así que la primera cuestión que te estarás planteando es ¿Lo que yo vendo se puede hacer por teléfono? Por teléfono se puede vender aquello que no requiere crear la necesidad, es decir, si nuestro potencial cliente no sabe que lo necesita, va a ser muy complicado por teléfono introducirle esa idea en el cerebro. Si en cambio, es algo que él ya tiene y es susceptible de cambiar, el teléfono puede ser una excelente herramienta (pero como todo hay que saber usarla). Hay empresas de ventas cuyo único método de comercialización es el teléfono, son llamadas a frío y las ventas salen por volumen, a más llamadas más ventas. Eso no significa que la venta telefónica sea la panacea, pero puede en un momento dado, ser un complemento a nuestra prospección habitual a través de referidos. Siempre va a ser mejor una llamada de parte de un cliente que una llamada a alguien que no sabemos quién es.

El telemarketing es un híbrido entre la compra por internet y la compra de proximidad. No le estás comprando a una máquina, pero tampoco estás en una tienda física.

¿Qué ventajas podemos encontrar?

- Nos permite llegar a muchísimos clientes con una inversión de tiempo y dinero ridícula ¿Cuántas llamadas podemos hacer? ¿Qué gasto nos supone de dinero esas llamadas con una tarifa plana en nuestro contrato telefónico?
- Elimina la limitación geográfica. Podemos llamar a todo nuestro país sin movernos de casa.

¿Qué inconvenientes tiene?

- Muy mala reputación. Si los comerciales están mal vistos, los comerciales telefónicos están peor aún. Se ha abusado tanto de esta forma de venta que muchas personas han desarrollado un odio automático. Muchas personas cuelgan el teléfono.
- La tasa de conversión Entrevista-Cierre es de las más bajas. Necesitarás muchas más llamadas de teléfono para cerrar en este sistema que en otros mercados.
- Vamos a ciegas totalmente. Aquí, sino que no sabemos que nos vamos a encontrar al lado del teléfono. Cuando picamos un edificio, no sabemos a quién nos vamos a encontrar, pero según se abra la puerta vamos a ver una persona real. ¿En llamada nos lo ha cogido un señor con capacidad de compra o su hijo adolescente de 15 años?

Hay una pregunta muy interesante que debemos hacernos. ¿Es mejor vender por teléfono y cerrar la venta o es preferible vender la entrevista en persona? Esto va a depender del producto, si son fáciles de entender, productos que el cliente ya tiene, es mejor cerrar la venta por teléfono (siguiendo las pautas que vamos a ver más adelante). Si en cambio, son productos más complejos y que necesitan una mayor explicación tenemos que *"vender"* la entrevista presencial, aquí nuestro objetivo será cerrar una visita presencial a casa del cliente o una cita en nuestras oficinas.

Vamos a conocer ahora todos los pasos que debemos dar para realizar una prospección telefónica de forma efectiva:

1- Preparación previa: Infórmate de la zona a dónde vas a llamar, que tipo de clientes puedes encontrar, que problemas o dificultades existen, organiza el orden de las llamadas y fíjate el número de llamadas que quieres hacer para ponértelo como objetivo a alcanzar.

2- Ten un guion: Esta será tu primera tarea realizar un guion telefónico para apoyarte en él cuando lo necesites.

3- Tono y lenguaje: Es muy importante que utilices un tono y lenguaje apropiado para generar una buena impresión. Debes hablar de forma clara, amable, profesional y ser muy conciso. No tienes mucho tiempo antes de ver como el interés del interlocutor decae dramáticamente por estar contándole algo que no le interesa.

4- Presentación: Siempre debes comenzar la llamada presentándote y explicando el motivo de la llamada. ¿Tienes el nombre de la persona a la que llamas en el listado? Úsalo y dirígete a él por su nombre. ¿Sabes la zona a la que lamas? Infórmale que estás haciendo llamadas en su zona diciendo el nombre de esta. De esta forma vas a empatizar con la persona que tienes al otro lado del teléfono.

5- Conexión: Dentro de la presentación hemos visto lo importante de utilizar cierta información para lograr esa conexión. Durante el transcurso de la llamada debemos demostrar al cliente potencial que entendemos sus necesidades y podemos solucionarle su problema concreto a través de nuestro producto. Básico en este punto es la escucha activa, realizar preguntas e interactuar con la respuesta del cliente. Un oyente que no habla es un oyente aburrido y la gente aburrida no compra.

6- Cerrar la venta: Hay que hacer todo lo posible para cerrar la venta en el momento. Las ventas por teléfono se deben cerrar en caliente, sino se pierde efectividad. Un cliente por teléfono solo va a comprar si considera que tiene toda la información y está seguro de lo que compra.

Hay que dejarle claro al cliente que después de la venta vas a hacer un seguimiento de este, le da tranquilidad y aumenta nuestras probabilidades de éxito.

7- Cierra la visita: Hablábamos antes de cerrar la venta, pero si es posible, es mejor cerrar la entrevista. Usa todo lo aprendido para saber cuándo y cómo podrá el potencial cliente recibirte en su domicilio. Haciendo esto, aumentamos muchísimo las posibilidades de cierre. Esto ya nos obliga a desplazarnos, no es tan rápido, pero merecerá la pena y creará una relación más duradera y estable.

Hasta aquí no creo haberte mostrado nada que no aparezca en otros libros, pero este sabes que especial. Aquí van un par de notas que no salen tus otros libros de ventas sobre la prospección telefónica.

Forja carácter: Al no vernos cara a cara con el prospecto es más complicado ganarnos su confianza, con colgarnos el teléfono se termina la conversación. Por ese motivo debemos estar preparados para recibir muchos NO. Si estás comenzando en este mundo es una buena manera de foguearte y coger tablas, puedes probar a llamar todos los días hasta que consigas la confianza suficiente para enfrentarte a un cliente cara a cara.

Tener una buena oferta: Saca la artillería pesada, no vayas con uno de tus productos normales, usa realmente una buena oferta respecto a lo que tienes normalmente para ofrecer. Vete con el descuento máximo porque por teléfono no puedes *"tantear"*, tienes que ganarte la atención del escucha en el acto.

Sáltate los intermediadores: No sirve de nada hablar con el primero que te coja el teléfono. Nuestro objetivo es conseguir hablar con la persona que tiene poder de decisión. No obstante, los intermediarios pueden sernos útiles para abrirnos la puerta y debemos saber utilizarlos. 2 trucos muy sencillos, recordar el nombre de la persona que nos coge el teléfono, eso genera un vínculo emocional y cerrar la cita con una pregunta cerrada "¿Es mejor llamarlo por la mañana o por la tarde?"

Úsalo como complemento: No dediques un día entero a concertar por teléfono. Las mejores horas para organizar la agenda son por la mañana, pero se suele tener más éxito para encontrar a la gente más receptiva por la tarde. La solución, siempre la misma, prueba distintos horarios (testea) y apunta el éxito de cada horario (toma de datos).

Pasamos ahora a hablar de la parte más importante de la venta telefónica. El guion.

Por este canal de ventas, el guion es la clave. No tenerlo es estar muerto. Lo más importante antes de empezar va a ser tener a mano ese guion, sobre todo al principio y que siga la estructura correcta.

EL GUION TELEFÓNICO

Vamos a elaborar un guion desde 0. ¿Qué debe tener todo guion telefónico?

1- Saludo: Inicia la llamada con un saludo amable y profesional identificándote con tu nombre. "Buenos días, mi nombre es Susana García y le llamo de la empresa XXX, ¿con quién tengo el gusto de hablar?" o puede ser que conozcamos el nombre de la persona por ser un listín "Buenos días, mi nombre es Susana García y le llamo de la empresa XXX, preguntaba por Don Rodrigo Gutiérrez"

2- Conecta: Crea una conexión con el prospecto. Demuéstrale tu interés y empatía, pregúntale que tal está y establece una conversación agradable. *"¿Qué tal está Don Rodrigo? Encantada de hablar con* usted"

3- Expresa el motivo de la llamada. Puedes llamar la atención del prospecto usando las palabras "campaña" o "promoción". *"El motivo de mi llamada era hablarle de una campaña que está realizando mi empresa por su zona"*

4- Identifica la necesidad. Haz preguntas para identificar el problema y escucha activamente. *"Tiene usted actualmente contratado algún servicio de telefonía donde piense que podría pagar menos dinero?"*

5- Presenta el producto/servicio: Haz hincapié en lo que tú tienes y lo que puedes ofrecer *"Actualmente estamos ofreciendo una rebaja media del 40% sobre el precio que pagan las personas como usted en los mismos servicios."*

6- Ofrece la solución: Proporciona una solución específica al problema del prospecto y cómo puede resolverlo tu producto o servicio. Muéstrale como lo que tú vendes, le va a mejorar su vida ya bien sea pagando menos, teniendo más servicios o alguno que antes no tenía, pero necesita. *"Si está pagando 70 euros, nosotros podríamos proporcionarle ese servicio por 50 euros y añadiendo el servicio de televisión a su paquete de telefonía."*

7- Oferta: Tienes que realizar una oferta específica que tenga que implicar una respuesta. No nos sirve un "Se lo mejoraré", tiene que tratarse de una oferta con precio, descripción y **tiempo límite**. Recalco lo del tiempo porque en una llamada de teléfono en frío no podemos dejar en el aire el cierre, lo único tolerable es cerrar otra llamada con fecha y hora, nos sirve un "lo miraré y ya le llamo yo a usted" por parte del cliente.

8- Despedida: Agradece su tiempo y atención al prospecto y despídete de forma amable. *"Muchas gracias por hablar hoy conmigo, quedo con usted para llamarle como me ha indicado el martes a las 10. Que tenga un buen día Don Alfonso."*

Ejemplo de guion

ENTRADA

Buenos días.

Mi nombre es Susana García, le llamo de la empresa XXX. Preguntaba por Don Rodrigo Gutiérrez.

¿Qué tal Don Rodrigo? Le llamaba en la relación a Campaña que estamos realizando por la zona de XXX.

¿Tiene algún servicio de telefonía contratado actualmente?

OPCIONES

Si la respuesta es sí

¿Sí? Magnífico. ¿Y con quién lo tiene Don Rodrigo?

Actualmente con esa Compañía estamos obteniendo un ahorro bastante importante la factura, me imagino que usted también querrá ahorrar en su factura de teléfono sin perder servicios.

¿Cuánto está pagando actualmente sino le importa que le pregunte?

Déjeme mirar, para un caso como el suyo con lo que tiene contratado saldría 25 euros más barato.

Si la respuesta es no

Actualmente estamos ofertando este servicio para nuevos clientes con un importante descuento.

¿En qué servicios estaría interesado de telefónica Don Rodrigo?

DESPEDIDA

Encantada de haber hablado con usted Don Rodrigo. Quedamos entonces en hablar el próximo martes. Cualquier cosa no dude en comunicarse conmigo por la siguiente vía.

El guion o argumentario tiene que fluir, el que escucha no debe interpretar que estamos leyendo, tiene que salir natural. Por eso importante utilizar nuestras propias palabras y nuestra forma de expresarnos. Haz tu propio guion, no uses uno que utilice las palabras de un compañero. Plasma tu esencia.

Tienes que estar preparado para las objeciones normales. Si de alguna no sabes la respuesta, toma nota para descubrir la solución y apúntalo para la siguiente vez. Es importante tener el guion, pero también una lista de preguntas y respuestas más frecuentes.

Existe una fórmula en las charlas telefónicas que se llama **"Conseguir los dos Síes"**. Mediante 2 preguntas cerradas tenemos que lograr que nuestro interlocutor *"¿Tiene actualmente contratada una alarma con otra empresa? ¿Tiene hijos?"* nos diga que sí. Según esta técnica psicológica de negociación, si una persona encadena dos veces sí a dos preguntas, se mostrará más receptivo a la hora de escucharnos.

Es aconsejable cuando hablamos mantener un tono pausado y natural, que no es fácil ni sencillo de aplicar cuando con la prospección telefónica nos han dicho ya 30 que no. Como explicaba antes, lo bueno del teléfono que es el coste emocional es menor, no es lo mismo que te cuelguen al hecho de recibir un portazo real en nuestra cara.

Vamos a terminar este capítulo con los principales errores. Aquí recomiendo la obra de César Piqueras sobre este asunto. Él nos habla de 4 errores.

- Autosabotaje: La idea que trata de transmitir César Piqueras en sus libros es que, a la hora de vender, hay que estar convencido que el cliente necesita lo que le estás ofreciendo, pero que él no lo sabe (lo que llamamos crear la necesidad). Esa es tu misión, la cual, en la mayoría de los casos, no se resuelve con una sola llamada. Dependiendo de la fortaleza y tolerancia al fracaso que tenga cada vendedor, unos se darán por vencidos la primera vez que escuchen "no me interesa" o "ahora no tengo tiempo", mientras que otros insistirán hasta conseguir el objetivo.
- Ir más allá de la llamada: La operación de venta no puede finalizar al colgar el teléfono. Son precisas acciones tanto previas como posteriores para culminar con éxito. Creemos que podemos llamar y soltar nuestro discurso (el guion) y que con eso estaría la mayor parte del trabajo hecho. Muchos vendedores no se

preocupan por conectar con el cliente, solo quieren realizar un número de alta de llamadas y piensan que al final, cerrarán ventas solo por estadística.

- La Ley de Protección de datos: Cada día la legislación es más restrictiva con el uso que hacemos de los datos de nuestros prospectos. Jamás debemos comunicarnos con un cliente que figure en una lista Robinson o similar.

- ¿Cuándo parar?: Si el potencial cliente no tiene interés y no eres capaz de moverlo de su posición inicial, deja de llamar, quizás te esté prestando atención solo por educación. Estás desatendiendo a otros clientes y otras oportunidades de venta.

UNA BUENA HISTORIA QUE CONTAR

En julio 1937 John F. Kennedy era un joven estudiante norteamericano que había decidido visitar la vieja Europa antes de regresar a sus estudios de Harvard. Una noche de julio en la Costa Azul se topa con un personaje, Albert Bouquet, un joven aristócrata de la alta sociedad francesa apasionado de los perfumes.

Conversaron toda la noche, John le habló de sus sueños y sus aspiraciones políticas en el futuro, Albert en cambio sobre un perfume que había creado. Albert supo ver el potencial que en esa época tenía el que sería futuro presidente de los EEUU.

Al día siguiente al volver al hotel John recibió un paquete con una nota anónima que decía "En este tarro encontrarás la dosis de *glamour* francés que le falta a tu simpatía americana". John lo agarró con una sonrisa y volvió a EEUU comenzando a usar la colonia, de repente sentía que comenzaba a generar más interés entre las personas, que sus conocidos empezaban a hablar de él de una forma más positiva y muchos le preguntaban por ese olor tan embriagador que tenía. Se sentía más seguro de sí mismo y ejercía una atracción en las personas que antes no recordaba tener. Rápidamente sus amistades querían saber más sobre ese perfume que había generado ese cambio en John, era mágico.

JFK escribió una carta de agradecimiento a Albert y le rogaba que en la medida de lo posible le enviase 8 ejemplares más y "si su producción se lo permite, otro más para Bob".

Albert recibió el encargo junto con la nota y la una carta donde le explicaba éxito que estaba teniendo con el perfume. Entusiasmado con la idea envió los frascos en una caja con la nota "EIGHT & BOB" (8 Y BOB). De esta forma comienzan a circular por EEUU los primeros frascos de colonia.

Meses más tarde, empezó a recibir peticiones remitidas por directores, productores y actores de Hollywood que habían oído la historia del propio John Kennedy, su hermano Bob o alguno de sus amigos que también usaban la fragancia. La historia de una desconocida fragancia francesa que usan las estrellas de cine de época se convierte en un deseo aspiracional puesto que había muy pocas unidades disponibles.

La historia se trunca cuando en 1939, Albert fallece en un accidente de tráfico y comienza la II Guerra Mundial. La fórmula secreta se pierde y las últimas unidades son transportadas a EEUU escondidas dentro de libros troquelados cuidadosamente a mano para evitar que los nazis incautaran el perfume. El mito de esta colonia, sus efectos y su forma de llegar a América lo convierte en una auténtica leyenda.

Durante años se para la producción del perfume, pero su existencia y la historia del efecto que tuvo en el Presidente más carismático del siglo XX continuaba perdurando.

Durante años no hubo más "EIGHT & BOB" a la venta y no había forma de conseguir más botellas ni si quiera en el mercado de coleccionistas. Por suerte, la mano derecha de Albert continuaba vivo y en colaboración con la familia consiguieron recuperar la fórmula para volver a fabricar EIGHT & BOB. 50 años después de la muerte de John F. Kennedy vuelve a estar a la venta esta receta para construir carácter y que aún hoy se sigue vendiendo dentro de un libro.

La historia tiene todos los ingredientes de una buena novela de intriga. Hace tiempo le conté a un buen amigo que existe una fragancia de la que seguro que no ha oído hablar y que tiene unos efectos sorprendentes sobre las personas. Nos fuimos a una tienda de perfumes del centro y le pregunté a la dependiente si me podía prestar esa fragancia. Nos echa unas muestras a cada uno y nos dice "*¿Tiene buen olor verdad? Tengo otra con un olor parecido si quieren se lo puede también enseñar*". Se fue y la trajo olvidándose completamente de la historia.

Nosotros como vendedores no podemos olvidarnos de la historia que envuelve a nuestro producto, de lo que lo hace diferente, pero sobre todo especial. Sino explicamos todo lo que hay detrás de nuestro producto nuestro perfume es simplemente uno que huele igual, pero es más caro. Esta historia es el hecho diferenciador que nadie más tiene y lo primero que debemos potenciar.

EL CIERRE DE VENTAS – LA LLEGADA A CERTIDUMBRE

Una vez terminada la entrevista es el momento de intentar el cierre de la venta. La situación más deseable es conseguir la aceptación de nuestro cliente, pero puede darse el caso contrario, nuestro potencial cliente no quiere nuestro producto o hemos llegado a la conclusión de que no le encaja y debemos retirarnos nosotros mismos.

Si habéis acudido a un seminario de ventas o leído alguno de los muchos libros que existen sobre negocios casi todos hablan sobre la manipulación, es lo que al principio del libro llamaba la vieja escuela. Si queremos separarnos de todas esas etiquetas que tienen los vendedores como charlatanes sin escrúpulos tenemos que ir hacia un cierre natural basado en la confianza.

Jordan Belfort es muy conocido hoy en día por su película biográfica "El lobo de Wall Street". Durante años ha estado teorizando sobre el proceso de venta y desarrolló una técnica propia llamada "La teoría de la línea recta". La clave es conocer cuál es el punto en el que podemos cerrar la venta de forma positiva, una vez pasado este punto de no retorno ya tendríamos la venta realizada y el cierre pasa a ser natural.

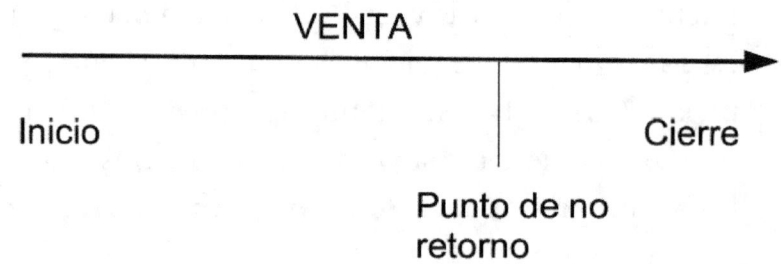

Gracias al ADN que hemos realizado previamente hemos podido de identificar los factores emocionales por los que nuestro potencial cliente busca comprar y debemos otorgarle las razones lógicas que justifiquen la venta. Al cliente del siglo XXI le gusta comprar, pero no le gusta que le vendan, el cliente compra porque es la solución más lógica al problema o necesidad que le hemos expuesto, por lo tanto, va a comprar él no venderle nosotros.

Para Jordan Belfort todas las ventas son iguales, su visión es simple pero efectiva. Llevar a nuestro prospecto a través de la línea hasta el punto de la venta. Esa línea recta se construye con 3 pilares fundamentales:

1- Nosotros: La relación vendedor-comprador basada en la confianza y la seguridad que transmitimos. Cuanto más alta sea más fácil es el cierre.

2- Marca: Una marca potente nos respalda y nos facilita llegar al mercado. La propia marca genera valor y nos ayuda.

3- Producto: Lo que vendemos tiene que solucionar un problema o una necesidad.

Si nuestro prospecto tuviese que calificar cada elemento del 1 al 10, cuanto más cerca estuviesen del 10 sus notas más fáciles sería la venta. Este es el motivo por lo que esto recibe el nombre de los 3 dieces.

El cliente va a tomar la decisión de comprar si conseguimos darle al interruptor interno que toma las decisiones en su cabeza, porque el acto de comprar es siempre un acto altamente emocional, por eso vendemos a las emociones, pero justificándonos en la lógica. La necesidad se argumenta, pero se busca la reacción emocional, el cliente tiene que sentirlo.

De ahí que digamos que todas las ventas son iguales, solo tenemos que llevar a la persona de un punto de incertidumbre a otro de certidumbre total. Al ser el proceso de venta una línea recta nuestra tarea es mantener el control de la venta y llegar hasta el final. El cliente puede perder el interés o tomar el control y desviarse de la línea recta, si esto sucede y no conseguimos superar el punto de no retorno hemos fracasado en el cierre. Por eso nuestro trabajo debe ser mantener el intento de cierre dentro de la línea y seguir avanzando hasta el final.

Todo aquello que nos desvíe del cierre es **una objeción**. Un gran vendedor es aquel que sabe superar las objeciones y desmontarlas, ellas son las que nos desvían del camino fijado.

- Tengo que consultarlo con mi esposa
- Ahora mismo no es buen momento
- No me lo puedo permitir
- No tiene esta característica que estaba buscando

Las objeciones pueden ser verdaderas o falsas. Si es falsa en los próximos capítulos vamos a ver como desmontarlas, pero si son verdaderas quizás deberíamos retirarnos de la venta. ¿Y si el cliente realmente no puede permitirse nuestro producto? Si eso sucede es hora de recoger nuestras cosas tomar los datos estadísticos que necesitemos, buscar referencias y pensar si podría haber otro momento más adelante para retomar la venta. Puede ser un mal momento hoy pero excelente el año que viene.

Si la objeción es falsa el prospecto nos está diciendo una cosa *"No confío aún en ti, quizás no en tu empresa o en tu producto"*, es decir, no hemos logrado aún cruzar la línea de certidumbre. Tenemos que entender que si el cliente se desvía en el proceso de venta mediante quizás no obtengamos la objeción verdadera y esta sea más profunda y no haya sido aún revelada.

Hablábamos antes de los 3 dieces, tres elementos donde el cliente nos debería intentar dar un diez. Jordan añade dos componentes adicionales que son muy reveladores.

1- La facilidad de compra: ¿Es el proceso de cerrar la operación fácil y sencillo? Esto es algo que no se suele tener en cuenta, pero en algunas empresas el proceso de cierre genera miedos e inseguridades.

2- El problema que genera el no comprar: Tenemos que hacer que no comprar sea un problema, generar malestar al cliente sino cierra la operación con nosotros.

Hay pequeños detalles que debemos cuidar también en el cierre como son la tonalidad y el lenguaje corporal. Belford estima que determinan el 90% de lo que comunicamos, en mi propia experiencia yo diría que se basan mucho más la confianza que transmitamos.

Nuestra propia confianza en la propuesta es la clave.

Esto es a lo que se refiere Belford con la tonalidad, algo que muchas veces se ignora. Los tonos más efectivos serían.

- Declaraciones como preguntas: Cuando hablamos con la otra parte terminar las oraciones en formato de pregunta. Esto hace que el cliente active su cerebro y piense, necesitamos ganar su atención.
- Un tono de voz suave. A nadie le gusta que le griten ni que sean agresivos. Esto otorga también cierto de halo de misterio.
- Sinceridad Con un tono calmado, la voz suave pero firme transmitirle esa sinceridad al cliente. ¿Cómo podemos parecer sinceros? Diciendo la verdad. **Si para vender tienes que creerte una mentira, déjalo**.
- Tener certeza absoluta de lo que se habla. Los clientes calan rápidamente a los charlatanes. Si no sabes algo no lo comentes o dile a tu prospecto que tendrás que consultarlo internamente para salir tú también de la duda. Pero si sabes algo lo aseveras con rotundidad.
- Ante todo, mucha calma. Es un cierre de los miles que vas a hacer, no pasa nada si no sale, no se va a acabar el mundo, pero no transmitas tú ansia al cliente.

LA ENTREVISTA

La clave de toda venta es la entrevista, se trata del momento más transcendental y largo del proceso que nos llevará hasta el cierre. Tenemos que conseguir 2 cosas.

1- Realizar un correcto "Análisis De Necesidades".
2- Encender la bombilla en la mente del cliente.

A la recolección de datos para conocer lo que nuestro cliente necesita lo llamamos ADN (Análisis de necesidades) y es la única forma de optimizar al máximo nuestros resultados en las entrevistas. ¿Quién es nuestro cliente? ¿Qué necesita? ¿Estaría dispuesto a comprarlo? Lógicamente de nada sirve esto sino conocemos nuestro producto, cuanto más sepamos de nosotros, del mercado y de lo que vendemos más atractivos seremos a la hora de presentarlo.

Cada producto debe tener un target o público objetivo perfectamente delimitado. Debemos tener claro qué clientes pueden consumir nuestros productos o contratar nuestros servicios. Este grupo de personas va a ser al que nuestra empresa debe dirigirse, equivocarse en el público objetivo es tirar nuestro tiempo y por lo tanto encarecer las ventas (nuestro tiempo es dinero).

Si afinamos y nos dirigimos a las personas correctas, facilitamos la venta y rentabilizamos el poco tiempo que tenemos. Nuestro producto ¿Se dirige a mujeres? ¿personas jóvenes? ¿gente que vive en zonas rurales? En definitiva, tenemos que establecer los criterios demográficos, geográficos y socioculturales que hacen que nuestros productos encajen a ciertas personas. La vieja escuela se enorgullecía de vender neveras a esquimales, otra prueba más de que esta escuela debe de morir.

Ya tenemos determinado el tipo de personas o empresas las que nos dirigimos y este punto es cuando comienza la entrevista. Ahora es el momento de analizar sus necesidades y descubrir lo que quiere.

Aquí pasaremos a conocer a nuestro prospecto de una forma más personal, ligada a sus hábitos, inquietudes y sentimientos respecto a nuestro producto o servicio. Tenemos que averiguar cuál es su capacidad económica o su propensión hacia la compra. Para ser un cliente nuestro este tiene que cumplir las 3 cualidades de un posible de un posible comprador

1- Necesidad del producto o servicio

2- Capacidad de decidir sobre la compra del mismo.

3- Capacidad de pagarlo.

Si alguna de estas 3 cualidades no se cumple no podemos y, sobre todo, <u>no debemos venderle nada</u>.

El cliente tiene que necesitar nuestros productos, sino se lo estamos metiendo a calzador. Una relación comercial estable en el tiempo no se puede mantener sobre una primera gran mentira.

El cliente tiene que poder decidir si compra el producto o no, es independiente que lo necesite. Si vendemos un software de gestión a grandes empresas seguramente no debamos convencer al auxiliar administrativo que lo va a usar sino al jefe del departamento informático. Eso también ocurre cuando vendemos un seguro a un padre de familia, pero nos damos cuenta de que esas decisiones en su casa las toma su mujer.

Y por último debe poder pagarlo. No es suficiente con necesitarlo y tener capacidad de firmar, tiene que poder permitírselo.

Cada venta realizada a personas que no cumplían estas características terminará tarde o temprano en desastre. Seguramente habrá devoluciones, anulaciones o impagos.

Ahora es el momento de detectar las necesidades de nuestro cliente, este es el camino que nos lleva directos al cierre positivo de la venta. El arte de la venta es la oferta, para ofertar correctamente tenemos que conocer bien a la persona que tenemos delante y detectar sus necesidades. La propuesta que le hagamos a nuestro potencial cliente tiene que ser interesante y necesaria.

Para realizar la entrevista correctamente hay un protocolo implícito que debemos cumplir.

PRESENTACIÓN
- Ambientación (Romper el hielo)
- Presentar a nuestra empresa

ENTREVISTA
- Análisis de necesidades.
- Identificación del responsable de la compra.

ARGUMENTACIÓN
- Beneficios de nuestro producto o servicio
- Diferencias respecto a la competencia
- Propuesta de venta
- Resolución de objeciones

CIERRE
- Relacionar beneficios con necesidades
- Pedir referencias

PRESENTACIÓN

Preséntate y pregunta que tal está a la persona que vas a hacerle la entrevista. Lo siguiente, que siempre ayuda a romper el hielo, es realizar lo que se llama un "halago sincero". Esto consiste en hablar bien de algo relacionado con el prospecto sin parecer un pelota. Ejemplos: "No había estado nunca en sus instalaciones, son más grandes lo que imaginaba", "Veo por la foto que juega al padel ¿En alguna pista de la zona?".

Otra forma es preguntar por su actividad. Si estamos con un empresario, a todo el mundo le encanta explicar su empresa. "Su empresa tiene ya muchos años ¿Qué tal está sorteando la crisis?".

Es muy importante presentar tu empresa y tu actividad, el entrevistado tiene que saber para lo que estamos. No es una visita de cortesía, existe un interés comercial por nuestra parte. Eso debe quedar claro desde el principio.

ANÁLISIS DE NECESIDADES

No saber lo que un cliente al que vamos a visitar necesita es la principal causa de derrota en una venta. Es normal no conocer esa necesidad durante la fase de la presentación. ¿Pero no saberlo al irnos? Eso es que hemos hecho un mal análisis de necesidades. Esto es caminar a ciegas. Sino conoces sus necesidades ¿Cómo vas a venderle algo?

Así que vamos a hablar ahora de correcta detención de las necesidades, esto va a facilitarte la venta y evitarte que pierdas tiempo en entrevistas improductivitas.

Hemos visto como presentarnos, eso sería la introducción. Lo importante viene ahora y es la parte más trascendental de la entrevista.

Nuestra empresa vende un producto que cubre unas necesidades, entre nuestros clientes objetivos cubriremos con el producto esa demanda. Con el análisis de necesidades vamos a descubrir que necesita un cliente concreto, vamos a unir la necesidad con nuestro producto convirtiéndolo en solución. Sin lograrlo no hay venta.

Para detectar una necesidad debemos preguntar. Pero no preguntar según se te vaya ocurriendo, sino siguiendo una guía que hayas preparado donde como mínimo debes descubrir lo siguiente.

- ¿Qué necesita el prospecto?
- ¿Tienes ese producto o servicio adecuado para esa necesidad?
- ¿Puede pagarlo?

Debes de tener una batería de preguntas lo más amplia posible que incluya desde preguntas generalistas hasta preguntas específicas. Cuando empiezas es bueno realizar un esquema en papel sobre aquellas respuestas que necesites para realizar la mejor oferta e ir formulándoselas a modo de encuesta (pero recuerda que el prospecto no debe irse con la idea equivocada de que no tenemos un interés comercial).

Las preguntas generalistas son las que podrían servirnos para todos los clientes. Nos ayudan a detectar nuestro si nuestro producto está dentro del uso que podría tener el cliente o si pudiera llegar a estarlo. Aquí buscamos conocer si la persona que tenemos delante es un potencial cliente o no.

El mayor pecado de todo comercial es dar algo por supuesto sin haber preguntado. <u>Grábatelo a fuego.</u>

Las preguntas específicas, son las que nos van a ayudar a descubrir cuál es la principal necesidad del cliente y como enfocar más adelante el cierre. Estas preguntas a diferencias de las anteriores son personalizadas y atienden exclusivamente a la persona que tenemos delante.

¿Hay algún límite de preguntas? Para nada, cuántas más preguntas hagamos mejor resultado tendremos. Muchos comerciales intentan preguntar lo mínimo para no resultar pesados, ERROR. Mientras no caigamos en el absurdo o en la reiteración no hay problema. Lo único que debemos tener en cuenta a la hora de preguntar es mantener con el interlocutor una conversación fluida. El cliente tiene que percibir que las preguntas son para poder hacerle una oferta personalizada y exacta a sus necesidades, mientras no entremos en un bucle de preguntas sin sentido no habrá problema.

Existen varios tipos de preguntas, abiertas, cerradas, condicionantes, alternativas o de control

Las preguntas abiertas son las que mejor debemos tener preparadas. Aquí el cliente debe intentar aportarnos la máxima información posible y son con las que primero debemos empezar. Son las que no se responden con una un sí, un no o un número. Puede ser una opinión, una idea o un pensamiento.

Las preguntas cerradas vienen muy bien cuando el cliente es poco comunicativo y no está aportando información de valor. Aquí dirigimos la respuesta ya que pueden contestarse con un simple monosílabo o un número.

Las preguntas condicionantes son aquellas que condicionan la respuesta del cliente y la orientan para obtener la respuesta que nos interesa. Ejemplo: "¿Verdad que le interesa a usted disponer de vehículo antes de irse de vacaciones?" Son muy interesantes porque aquí llevamos al cliente nosotros hacia el punto donde nos interese.

Las preguntas alternativas, como su nombre indica, son en la que el cliente tiene que elegir su respuesta entre una lista cerrada de opciones. Lo ideal es que las opciones se las proporcionemos nosotros y estas sean 2 o 3 como mucho.

Las preguntas de control solo sirven para confirmar o reafirmar un pensamiento del cliente que nos interese para el proceso de la venta. Ejemplo: *"Me indicaba que para usted es básico tener esto desde el primer día que entrase en vigor el contrato ¿verdad?"*

Además de las preguntas pertinentes debes mostrar, al hacerlas, un interés por nuestro cliente. Eso se hace mirando a los ojos esa persona, asintiendo cuando nos dice algo (esto se llama refuerzo positivo) o sentándonos, inclinándonos ligeramente hacia adelante. Toma nota de lo que él te va contando y apunta aquello que para ti no es relevante, pero al cliente sí. De esta manera te ganarás su respeto.

No interrumpas al cliente cuando hable y no finalices sus frases por él, puede que no le siente demasiado bien y tenemos que ganarnos su complicidad. Existe la creencia en la vieja escuela de vendedores que el que más vende aquel que habla más. Todo lo contrario, cuánto más escuchamos, más sabemos de la persona que tenemos en frente y mejor oferta podemos hacerle.

No debes ir nunca a una entrevista sin haberte preparado antes un boceto o esquema de las preguntas que vas a hacer para el análisis de necesidades. El proceso de la venta va a serte más fácil o difícil dependiendo de cómo hayas hecho el análisis de las necesidades del cliente.

ARGUMENTACIÓN DE LA VENTA

La argumentación durante la entrevista es el proceso en el que le explica al potencial cliente cómo tu producto o servicio puede ayudarle.

Previamente habíamos detectado las necesidades del cliente. Lo que vamos a hacer ahora es argumentar nuestra oferta y unir la oferta con la demanda. Vamos a llevar a nuestros prospecto al punto de certidumbre.

Muchas veces confundimos presentar un producto con enumerar las características principales del mismo, aportando al cliente un montón de detalles (muchas veces técnicos) que no aportan nada. Creemos que cubrir la necesidad exacta del cliente es una característica más cuando debe ser la base de nuestra argumentación.

Tenemos que centrarnos en ese pequeño detalle que al cliente le motiva para la compra, aunque sea una nimiedad. Tienes que enfocar toda tu capacidad dialéctica hacia ese beneficio concreto que buscan la persona que tienes delante.

Los argumentos que le mostremos al prospecto deben ser asimilables, explicados de forma directa, clara y sencilla. No lo trates como un imbécil pero tampoco subas mucho el nivel. Tú sabes mucho de tu producto, tu oyente quizás no. Debes ir siempre al grano y aportarle la información que necesita para tomar la decisión de compra.

Lleva contigo siempre una muestra del producto o una hoja resumen del producto; algo que te ayude a sostener los argumentos y que convierta en tangible lo que no lo es. Si vendemos café, intenta preparar uno; si vendemos alarmas, lleva una infografía con el tamaño con los tipos de cámara … Esto va a ayudar a que el cliente retenga más información y se centre en la explicación. Pero siempre en una forma muy resumida y sobre todo nada recargado. No se te ocurra llevarle un manual del producto y hacer que lo lea.

Además del producto, el cliente va a querer conocer los precios, las ofertas del momento, los plazos de entrega, como será la entrega, si existe servicio postventa … Explicar esto nos ayudará a ganarnoslo y reforzar su confianza en nosotros.

Haz preguntas de control cada cierto tiempo. ¿Te está entendiendo el cliente o le estás soltando una chapa inmunda?

No puede existir una buena argumentación de venta sin una buena detención previa de las necesidades.

RESOLUCIÓN DE OBJECCIONES

Las objeciones son los motivos por lo que una persona no nos acepta nuestra oferta. Nuestra misión es saber si son objeciones verdaderas o falsas, pero antes debemos saber porque se producen.

Es muy complicado hacer una venta sin tener que solventar una objeción. Como es lógico si hemos hecho correctamente el análisis de necesidades y la argumentación, es más sencillo que esto no ocurra.

La mayoría de los vendedores ven las objeciones a la compra como algo negativo. ¿Y si son una oportunidad? Con una objeción (si es verdadera) el cliente nos está dando muchísima información valiosa, nos está ayudando e indicando el camino que tiene que realizar para la compra. Un cliente que se queja es un cliente que nos muestra señales. Por eso nunca debemos ponernos a la defensiva ante ellas.

¿Cuáles son los motivos para poner objeciones?

- Necesitan más información: No creen saber todo lo que necesitan para comprar.
- Desconfían: Puede ser del producto o de ti.
- Amor propio: No les gusta ser tan fáciles y quiere que les trabajes un poco más la venta. Ojo con este tipo de clientes, puede que finalmente no nos compren y solo buscan que alguien les haga caso en la vida.
- Dárselas de listo: Ellos necesitan dejar claro que saben más que tú de tu producto o de tu empresa.
- Les gusta contradecirte: Irán ligados al caso anterior. Son clientes que les gusta ponerte a prueba y sistemáticamente tienen ese comportamiento.
- No te creen: ¿Has pensado que quizás este producto no es para ellos? Analiza si realmente estás vendiendo algo a una persona que no lo necesita.

¿Cómo debemos actuar?

Primero asumirlas como algo normal, que forma parte de la venta. No lo tomes nunca como algo personal. Lo que tienes que hacer es estar preparado.

1- Acéptalas: Una venta con una objeción resulta va a ser una venta reforzada. Es más, un vendedor que solventa dudas de clientes y vence las reticencias iniciales del mismo gana en autoconfianza y amor propio.

2- Admítelas: Si son sinceras no puedes ser un hipócrita y hacer como que no pasa nada. Quizás el cliente no puede realmente permitirse tu producto y tú estás insistiendo y violentándolo.

3- No las eludas: Puedes contestarlas más adelante, pero tarde o temprano tendrás que dar la cara. No hacerlo te garantiza un fracaso en el cierre.

4- Ten calma: El cliente te está diciendo que no, pero esto forma parte de tu trabajo. Tú eres el profesional, debes dominar la decisión, puede que el cliente adopte una posición poco coherente o injusta, pero no debes enfadarte.

5- Llega a acuerdos: El cliente no te compra por una discrepancia. Resalta y enumera los puntos importantes e intentar llegar a acuerdos de forma sincera entre los dos.

6- Sinceridad: Si desconoces la respuesta o no puedes arreglarlo di la verdad, intenta hallar las respuestas y luego transmítela. Jamás improvises o digas algo que no sepas.

7- Sinceridad: Si desconoces la respuesta o no puedes arreglarlo di la verdad, intenta hallar las respuestas y para luego transmitirlo. Así aprenderás la respuesta y te ganarás la confianza del cliente.

8- Sin miedo: Si el cliente ve que te vienes abajo ante la objeción va a desconfiar. *"¿Tiene miedo porque no está siendo sincero conmigo?"*

No hay un momento oportuno para solventar las objeciones, lo que si está claro es que debemos usarlas a nuestro favor.

Si creemos por el análisis de necesidades o el tono del cliente en la charla previa a la oferta que su objeción puede ir, por un lado. ¿Por qué no la sacamos nosotros antes? Vamos a actuar de forma preventiva y responder a algo que sabemos es importante para el cliente, pero todavía no nos ha preguntado.

Lo normal será que sea el cliente quien nos las planteé. Y ahí es donde debemos solucionarla argumentado la explicación. Sino la sabemos debemos informar de ello e indicar al cliente cómo vamos a buscar la solución y en qué plazo le daremos respuesta.

CIERRE DE VENTAS

Para poder rebatir una objeción o descubrir el verdadero motivo por los que un cliente no acepta nuestra oferta, debemos utilizar una técnica de cierre. En este capítulo vamos a ver las principales y cómo utilizarlas correctamente. Muchas veces el cliente lo único que necesita es un pequeño empujón y estas técnicas ayudan.

Cierre directo

El más sencillo. Ir directamente una vez finalizada la exposición a la pregunta de cierre. "Bueno, una vez explicado todo *"¿Le parece si firmamos entonces el contrato?"* Este cierre tiene muchas probabilidades de éxito si las anteriores etapas de la venta se han ido realizando correctamente.

Cierre por alternativa

Ponemos al comprador potencial ante la tesitura de elegir entre varias opciones que determinarán el sí a la compra. *"¿Quiere pagarlo de forma anual o semestral?"* Se trata de empujar al cliente al cliente psicológicamente al hecho de realizar la compra, aunque sea por unos momentos.

La llave Nelson

Es sin duda mi técnica de venta preferida. Consiste en forzar al cliente para aflorar la verdadera objeción. En lucha libre, una llave Nelson es cuando cogemos a nuestro oponente por la espalda y bloqueamos su brazo contra su espalda y pecho. Es una técnica que tiene (en ventas y en lucha) muy difícil escapatoria.

Imaginemos que estamos vendiendo un coche y el cliente nos dice que no le gusta el color, nos está diciendo cuál es el motivo por el que no nos va a comprar. Ahí debemos decirle *"¿Si se lo pintáramos del color que usted desea de forma gratuita lo compraría?"* La respuesta que nos determinará si el tema del color es una excusa o era real. Si luego nos dice *"Es que el coche se me sale del presupuesto."* Quizás entonces el problema no era el color sino el precio. Esto es lo que se consigue con la llave Nelson.

Cierre de ventas por amarre

Más que una técnica, podría tratarse de una estrategia psicológica. Ablandamos al comprador y lo preparamos para el cierre positivo al encadenar varias Sí. A más respuestas positivas, más propensión a la compra por parte del cliente potencial. Se consigue añadiendo la coletilla *"¿No es así?" "¿verdad?" "¿no cree?" "¿Estará de acuerdo no?"*

De esta manera vamos a conseguir el máximo de estímulos positivos. A más síes, más probable cerrar con éxito la operación.

Cierre por dificultad

¿Cuántas veces nos han dicho que la oferta es por tiempo limitado cuando vamos a comprar algo? Pues esto es un cierre por dificultad. Sirve para meter prisa al cliente *"Solo le puedo mantener este precio hasta el viernes porque el lunes actualizaremos tarifas."* Al futuro comprador le transmitimos urgencia y le hacemos sentir que está ante una oportunidad que quizás no se repita.

Cierre por equivocación

Una técnica similar a la anterior. Sirve para hacer que el cliente despierte. Tenemos que simular un error en la información que el cliente nos ha proporcionado. *"Muy bien Don Carlos, ¿Entonces me había dicho que el seguro entre en vigor a partir del día 16 de marzo verdad?"* Al corregirte, el cliente asume de forma táctica la venta.

Cierre imaginario

Que no te asuste el nombre. En un cierre imaginario lo que hacemos es que el prospecto asuma la compra e imagine lo que hará con ella. El cliente imaginará las posibilidades que le otorgará la compra que queremos que haga. *"Esta moto que yo le ofrezco, ¿la usaría entre semana o solo para los fines de semana?" "¿Tiene ya donde guardar la moto?"* Con estas preguntas la mente del potencial comprador está asumiendo la compra.

Duque de Wellington

En algunos otros libros se llama el cierre de Benjamin Franklin, sigo usando el nombre de Duque de Wellington por ser el nombre que usaron la primera vez que me lo explicaron. Sino quieres darle mucho rollo, también lo puedes llamar cierre de cruz. Según la historia apócrifa, el Duque de Wellington hacía una lista antes de cada decisión en el campo de batalla de las ventajas y desventajas. Vamos a hacer que el cliente haga exactamente eso, pero con una salvedad. Nosotros vamos a ayudarle a escribir los pros, y él va a escribir las contras. La idea es que la lista refleje que la decisión de compra tiene más ventajas que inconvenientes, por lo que comprar, supone la decisión lógica. Si aun así no compra, está claro que la decisión que aparece en la columna de contras es la verdadera objeción de peso y la que tienes refutar.

El cierre del perrito

Una técnica de venta muy efectiva en determinados productos. Imaginaros que no sabemos si comprar un perro o no para nuestra casa, nuestros hijos tienen la ilusión de tener uno, pero nosotros no estamos seguros. Vamos a la protectora de animales y cogemos un simpático cachorrito para tenerlo durante 3 día en nuestra casa a prueba. A ese perro el primer día le vamos a poner nombre, al día siguiente comprar juguetes y jamás va a volver a la perrera. Hacer la prueba equivale a comprar.

En ventas ocurre lo mismo, incide con el cliente en el uso que puede hacer del producto o del servicio desde el primer día. Dale idea para su uso, que lo aproveche desde el principio y que pruebe las bondades de las que les ha hablado durante la presentación.

El silencio

Muy sencilla. Tenemos a nuestro potencial cliente en frente nuestra, hemos terminado nuestra exposición. ¿Qué vamos a hacer? Quedarnos en silencio, vamos a generar una cierta tensión (comedida) y obligaremos al comprador a tener que hablar y expresas sus preferencias. Posiblemente ahí manifieste su objeción o nos de pistas para cerrar la venta positivamente.

La venta perdida

Otra de las que más me gusta. Aquí damos por perdida la venta. Le decimos al cliente que parece ser que no habrá acuerdo por lo que damos por finalizada la operación … pero, tenemos que realizar un informe así vamos a repasar con él, para, con carácter interno, poder informar de lo sucedido. Esto nos va a servir para que el cliente baje la guardia y de forma más relajada nos indique cuáles han sido las verdaderas objeciones de la venta.

LAS PRINCIPALES OBJECCIONES

Vamos a ver ahora las principales objeciones a las que nos vamos a enfrentar. Lógicamente es una lista genérica y cada empresa o producto puede ser totalmente distinta y tener una casuística propia.

Como hemos visto con las técnicas de cierre, estos **pretextos** son cortinas de humo que esconden la objeción real. Nuestra tarea es descubrir el motivo real para que la compra no fructifique.

Pueden existir también **prejuicios** contra nosotros, nuestro producto o nuestra empresa. Aquí tenemos que argumentar y presentar pruebas (quizás incluso testimonios reales) para en primer lugar lavar nuestra imagen. Con un perjuicio fuerte contra nosotros no podemos tener ninguna relación comercial.

En algunos casos, hay algún **malentendido** por parte del cliente. Este se ha hecho en su cabeza una composición que no se corresponde con la realidad. En su mente hay una idea errónea, para rebatirla tenemos que descubrirla. Por eso es tan importante descubrir la objeción aplicando una técnica de venta.

En capítulos anteriores hablábamos de la venta por necesidad, de creerla en la mente de nuestro potencial cliente. Sino lo logramos, puede existir por su parte cierta apatía o **indiferencia**. Lo que le ofrecemos no le despierta ningún tipo de simpatía ni reacción, no hemos creado la necesidad. Eso ocurre si nuestra exposición del producto o servicio no ha hecho aflorar la necesidad. ¿Para qué va a comprar algo que no necesita ni le va a hacer sentirse mejor? Sería tirar el dinero.

También ocurre, y tenemos que reconocerlo, que nuestros productos o servicios no son siempre los mejores del mercado. Sino vamos a ofrecer al cliente un beneficio verdaderamente importante ¿Por qué nos va a elegir? Solo si podemos diferenciarnos de la competencia y resaltar nuestras ventajas frente a ella vamos a poder ser una mejor solución.

Toquemos ahora el tema del **precio**. Para muchos comerciales, la única manera de vender es a precio, no existe ningún otro argumento que ser más baratos. El precio no es lo que aparece en la etiqueta; algo es caro o barato en función del valor que el comprador percibe. ¿Es cara una máquina que va aumentar la productividad de la fábrica por 2?

Posiblemente no, pero el dueño tiene que percibir que ese beneficio se va a producir.

Otras veces no es cuestión de precio, es que el cliente **no necesita** nuestro producto. Aquí hay dos opciones, que realmente no lo necesite o que todavía "no sepa" que lo necesita. Si estamos ante el segundo caso es que no hemos sabido crear la necesidad y debemos volver a argumentar como nuestra oferta le va a dar una solución a un problema.

¿Y si **no puede pagarlo**? O tenemos una solución más económica o es momento de retirarse. Si vendemos coches de alta gama, no todo el mundo puede permitirse uno.

En otro capítulo hablaba de no tomarnos esto como algo personal, porque no lo es, pero en el tema de las objeciones tenemos que ser nosotros quienes nos quitemos ciertos perjuicios con las excusas que el cliente nos va a poner.

1- Tengo que ir siempre más barato, las personas lo que quieren es precio.

Volvemos al símil de los coches de alta gama. ¿Acaso no te sirve para desplazarte igual un superdeportivo que un utilitario? La gente no busca siempre el mejor precio, busca la mejor relación calidad precio.

2- Sino me ha aceptado este producto es porque debería tener más variedad.

Presentar muchas opciones no aumentará tus ventas. Muchas opciones pueden llegar a confundir al cliente y esto. Tu trabajo es ofertar el producto exacto y precioso, no enseñarle todo tu muestrario.

3- Todo el mundo necesita mi producto o servicio

El mundo no se creó el día que tú empezaste a vender y seguirá girando estés tú o no en él. Tienes que segmentar el mercado y enfocarte en aquellas personas que realmente pueden ser potenciales clientes.

4- Me tengo que reinventar cada día.

¿Por qué? Si algo te está funciona y tienes unas técnicas que solucionan las objeciones. ¿Dónde está el problema? Aplica y perfecciona tus técnicas de caza pero no hace falta empezar de 0 todos los días.

LAS REFERENCIAS

Uno de los grandes errores de muchos vendedores es el no pedir referencias. El mercado referenciado es el más importante, los clientes que vienen a través de otros clientes presentan una propensión a la compra mayor y es más fácil realizar un cierre positivo con ellos.

Antes de explicar cómo pedir referencias debemos aprender a medir la rentabilidad de un cliente. No es mejor cliente el que más nos ha comprado sino el que más flujo de ingresos nos proporciona y ahí debemos tener en cuenta a las personas que nos haya recomendado. También tenemos que calcular el tiempo que nos haya llevado la venta, cuánto más tiempo hayamos dedicado a esa venta menos rentable es

$$VALOR = \frac{\text{INGRESOS GENERADOS}}{\text{TIEMPO}}$$

Por este motivo nunca se debe descartar el conseguir referencias de aquellos prospectos con los que no hemos sido capaces de cerrar una operación, pueden ser igual de válidos que aquellos que sí han aceptado.

La referencia se consigue cuando un cliente o no cliente está satisfecho con la imagen o proyección que de nosotros mismos o de nuestro producto le hemos causado. El cliente considera que su referencia se va a beneficiar de forma similar a la que él se ha beneficiado o que quizás nuestro producto o servicio podría hacerlo con esa persona en concreto. La referencia puede surgir por iniciativa propia del cliente o por haberla solicitado nosotros.

Solicitar referencias es la base de nuestro negocio futuro y la herramienta más poderosa para mantener un crecimiento sostenible y continuado en el tiempo, de tal manera que podemos hacer que nuestro negocio crezca de forma exponencial.

Habiendo expuesto esto ¿Por qué la mayoría de las veces no se piden referencias? ¿Por vergüenza? No, por no tener una visión de hacia dónde ve ir nuestro negocio. Tendemos a pensar que el fin último de todo esto es la venta, pero no es así, nuestra misión es establecer un negocio estable y consolidado en el tiempo, de nada nos sirve vender hoy muchísimo y en un mes nada, tendemos a pensar que el proceso de venta finaliza con el cierre y no es así. La parte de las referencias es tan importante que debemos hacerlo hasta con las personas que no nos compraron.

Los prospectos que conseguimos a través de una referencia tienen las siguientes características:

1- Tiene mayor calidad que aquellos que no son recomendados. La persona que nos lo recomendó conoce a esa persona y sabe que sus necesidades encajan en nuestro producto o servicio.

2- Los prospectos recomendados tienen una predisposición mayor a mantener una reunión con nosotros. Es más fácil abrir una puerta cuando vamos de parte de alguien.

3- Estadísticamente están más inclinados a comprar nuestros productos o servicios si realmente los necesitan. Eso ocurre porque su nivel de certidumbre baja al venir recomendado, es decir, es más fácil convencerle a la hora de cerrar. El 92% de los consumidores basan sus decisiones de compra en las opiniones de amigos, conocidos y familiares.

Según los últimos estudios sobre el tema, 8 de cada 10 clientes satisfechos están dispuestos a recomendar aquellos productos o servicios que les hayan resultado útiles, pero solo 3 de cada 10 finalmente dan una referencia después de una venta. Un vendedor exitoso es el que más contactos nuevos consigue porque su crecimiento será exponencial.

Antes de pedir la referencia debemos seguir estos 3 pasos para mejorar la propensión de nuestro cliente hacia darnos un contacto.

1- Tener afianzada la relación. Solo si la relación es sólida y confiable vamos a conseguir la referencia. Nuestro cliente está arriesgando su propia reputación hacia sus familiares y conocidos, debe por tanto fiarse de nosotros. Si fallamos con el referenciado no dañamos nuestra imagen, dañamos la de la persona que nos dio la referencia y habremos perdido la confianza que éste nos había depositado previamente. Por eso están importante afianzar la relación de confianza, sino no nos abrirá más puertas.

2- Evaluar la experiencia del cliente del que queremos la referencia. Esto forma parte del proceso de fidelización. El cliente nos dará contactos si detecta que va a seguir en contacto con nosotros y que nos vamos a seguir preocupando de controlar que la venta que le hemos hecho cumple sus expectativas, así como de solucionar cualquier problema que en el futuro pudiese tener. Debe tener claro que en caso de fallo nosotros vamos a responder y que nuestra implicación es mayor aún que el de la empresa que representamos (que por supuesto debe tratar el cliente de forma excelente también).

3- Implantar un programa de recompensas: El cliente que nos da referencias debe sentir que obtiene un beneficio con ello. Puede ser un trato especial, un obsequio material o una recompensa moral. ¿Y si le explicamos al cliente que nos puede ayudar dándonos una referencia? Los compradores del siglo XXI saben que nos hemos acercado a ellos por un interés comercial, no debemos tener miedo a explicarles que parte de nuestro trabajo es conseguir referencias y que haciéndolo nos están prestando una gran ayuda. Muchas veces el propio cliente quiere mostrar su agradecimiento más allá de haber pagado el precio del producto o servicio.

Ahora solo debemos seguir un proceso para lograr esas referencias que tiene estos puntos en común.

PASO 1: Pedirlas. No se piden muchas veces porque se piensa, equivocadamente que se molesta, se pone en un compromiso o incluso se podría perder la venta que hemos hecho. Nada más lejos, un cliente satisfecho con nosotros estará encantado de ayudarnos.

PASO 2: Obtén datos de las referencias: Veíamos antes como los contactos que obtenemos mediante referencias tiene más calidad porque vamos de parte de alguien. Lo que hay que tener en cuenta es que también podemos conseguir muchísima información de ese posible cliente por la descripción que nos hagan del mismo la persona que nos dio la referencia, pudiendo explicarnos que producto puede interesarle más o que enfoque habría que tomar. Esto nos ayuda a hacer más sencillo el camino hacia la certidumbre del nuevo posible cliente.

PASO 3: Define bien lo que buscas: Si se diese el caso de no poder cerrar la venta porque nuestro producto o servicio no le encajase a prospecto, eso no quiere decir que no podamos obtener referencias. La persona a la que se las vamos a pedir debe saber que perfil de cliente si nos encajaría. Con esos datos nos va a proporcionar las referencias de posibles clientes más relevantes y con mayor propensión a la compra. Si piensa que nuestra oferta se puede ajustar a su amigo o conocido sabrá que no le vamos a molestar ofertándole.

PASO 4: Solicitarlas más de una vez: Se suelen pedir las referencias al cerrar, pero no es ni mucho menos una regla sagrada. Se deben de seguir pidiendo una vez cerrada la venta en los contactos posteriores que haya. Nuestro cliente puede que hubiese olvidado un nombre la primera vez o no haya conocido en este tiempo a alguien que si nos encajase.

PASO 5: El referenciador no trabaja para ti: Nuestro cliente no tiene ninguna obligación de repartir tarjetas tuyas entre sus conocidos ni de hacer tu trabajo. Nosotros necesitamos el contacto y la recomendación, ese es nuestro trabajo. Tampoco el cliente debe explicarle a su amigo en solitario las bondades de lo que nosotros vendemos.

PASO 6: Agradece el gesto: El cliente que nos da una referencia nos está haciendo el mayor favor que podría, que sepa que es así. Quizás sea el momento de darle un descuento en la renovación del año próximo o en el siguiente pedido que le hagamos, eso le demostrará lo importante que se ha sido ese acto para nosotros.

LA ESTADÍSTICA

Los grandes vendedores de hoy son matemáticos. El antiguo vendedor era muy parecido a un encantador de serpientes, utilizaba su carisma personal y sus dotes de persuasión para lograr su objetivo. El problema es que no podía medirlo, por lo tanto, no podía saber si sus tácticas se podían mejorar.

La venta hoy está más cerca de la creación de algoritmos que del antiguo prestidigitador capaz de sacarse conejos de la chistera.

El escritor estadunidense Isaac Asimov escribió en 1951 el primer libro su magna obra sobre "La Fundación "una epopeya galáctica sobre un imperio que abarcaba toda la Galaxia. Solo en el primer capítulo del libro aparece Hari Seldon, en persona, aunque en el resto de la trama seguirá siendo la pieza clave, pero de otra forma.

De joven, Hari Seldon tenía un enorme talento para las matemáticas y crea una nueva ciencia, la psicohistoria. Podríamos definir la psicohistoria como una mezcla entre historia, psicología y estadística para predecir el comportamiento de enormes grupos de personas. Se parte de la premisa de que no somos capaces de predecir la elección individual de un individuo, pero en cambio, aplicada a grandes escalas de grandes grupos de humanos, si podemos calcular el flujo de la historia y acontecimientos futuros en general.

Asimov era químico de profesión y antes de dedicarse de lleno a la escritura y se inspiró en el comportamiento de los gases. Cuando observamos a el movimiento de los gases en libertad es imposible saber cómo va a moverse una partícula en concreto, pero si podemos predecir el comportamiento de la masa de las millones de partículas con un altísimo nivel de precisión.

En libro, Hari Seldon se da cuenta hacia donde conducen sus ecuaciones y para no destriparlo más diré que intenta cambiarlo o mejor dicho amortiguarlo.

Si conocemos nuestros datos sobre cuántos impactos realizamos a la largo del día y que resultado obtenemos podremos calcular la efectividad, depurar nuestra forma de relacionarnos y mejor nuestra estadística. Por eso debemos ser matemáticos.

Somos incapaces de saber si la próxima persona con la que vamos a hablar nos va a contratar, pero si pudiéramos saber con cuantas personas hemos hablado y las ventas que hemos hecho, sabríamos nuestro ratio de conversión **contacto -> venta**.

Este sería el primer dato que deberíamos manejar, pero, igual que el protagonista de nuestra historia, nos sería muy útil afinar más los datos. Por ejemplo. ¿qué ratio de conversión tenemos un nicho de mercado concreto? ¿Nos varía en determinadas fechas del año? ¿Funcionamos mejor cuando no conocemos al cliente o cuando es una referencia? ¿La venta por teléfono es más efectiva o menos?

Pero podemos avanzar más. ¿Cuánto tiempo nos lleva cada tipo de contacto? Este es un valor relevante y a tener en cuenta. ¿Merecen la pena ciertos clientes en tiempo?

No nos engañemos una vez más, esto es un negocio, nuestro objetivo es crecer y ganar dinero, no podemos perder 3 ventas para hacer una, salvo que esa venta nos suponga el tripe de dinero.

La mejor manera de manejar estos datos es a través de una hoja de cálculo. En un primer momento solo obtendremos datos para más adelante calcular el ratio. Una vez lo tengamos el siguiente paso será mejorarlo estableciendo acciones concretas que pueden ayudarnos. Esas acciones tenemos que poder medirlas para saber el efecto. Aquí es importante resaltar que no hay que tener miedo a los experimentos, al fin y al cabo, un experimento fallido es una enseñanza de cómo no hacer las cosas.

Siempre que tengamos un número como referente vamos a poder mejorar nuestros datos de una forma empírica y lógica, ya no nos guiaremos por sensaciones sino por datos, fríos y justos.

EL INCIDENTE

Esta historia me ocurrió cuando ya llevaba un par de años dirigiendo equipos de ventas y sirve para explicar la dolorosa verdad que nos pueden enseñar los números.

Unos meses antes de este suceso había fichado para mi equipo a dos vendedoras que venían de otro sector, pero habían realizado durante años tareas de concertación telefónica. Básicamente su trabajo consistía en cerrar una visita a la vivienda del cliente de un vendedor experto que realizaría el cierre. Me gustaba ese perfil y creía que podía orientarlas a que realizasen todo el proceso, la prospección, la entrevista y el cierre; después de todo habían demostrado dominar el arte de lograr una cita con un prospecto.

Durante los primeros meses todo fue más o menos bien, las ventas se realizaban con regularidad y cumplían los objetivos de crecimiento. Poco a poco revisando las tendencias me daba cuenta de que su número de visitas caía mientras que el de cierre positivos tenía una ligera línea ascendente. Esto es normal porque a media que conocemos el producto necesitamos menos impactos para lograr cerrar una venta. Con los números en la mano, preparé una pequeña reunión con ellas para intentar que me contaran que es lo que ocurría. Huelga decir que yo ya lo sabía, no se trabajaba lo suficiente. Nos preparamos un café y sabedor de su método de trabajo les hice la siguiente pregunta "¿Cuántas llamadas hacéis al día? Su respuesta fue una palabra que odio "Muchas".

Odio las palabras mucho o poco cuando están en el contexto equivocado; si te pregunto por una cantidad quiero un número no una sensación. Si te pregunto por el clima de tu ciudad y me respondes que hace calor, hace calor para ti, pero quizás no para mí, no es un dato objetivo y medible. Eso es lo que pasaba con el número de llamadas, yo quería saber cuántas llamadas hacían a lo largo del día, necesitaba que ellas entendiesen la importancia de saber sus datos reales.

- ¿Cuántas llamadas hacía en un día?
- ¿Cuántas se convertían en visita?

- ¿Cuántas visitas se convertían en venta?
- ¿Qué tiempo nos llevaba finalmente cada venta?

Les ofrecí un pacto, realizar un número determinado de llamadas al día, 100. Me comprometí con ellas por escrito que en caso de cumplir esas llamadas yo costearía de mi bolsillo la cifra económica que ellas necesitasen; me daba igual el resultado, solo tenían que llamar 100 veces al día.

El primer día contabilizando llamadas, hicieron 20. Lógicamente pusieron excusas peregrinas y les di otra oportunidad, no dejaba de ser el primer día. A la mañana siguiente, al charlar sobre el día anterior el resultado había sido similar. ¿Fracasaron por falta de talento, de producto o de constancia y trabajo? Cuando las cosas no salen mal, tenemos que mirar primero para nosotros antes de culpar a los demás.

AUMENTA LA PRODUCTIVIDAD

Durante el libro hemos visto formas de generar actividad y de hacer crecer nuestro negocio, ahora vamos a intentar responder a la pregunta ¿Cómo organizarnos?

Uno de los principales problemas de los comerciales es el de organizar nuestra agenda diaria. Tenemos que realizar tareas de prospección, realizar nuestros análisis de necesidades, cerrar operaciones o hacer seguimiento de nuestros clientes con acciones de fidelización. ¿Parece poco? Pues debemos añadir formarnos y desarrollar otras líneas de negocio futuro.

Personalmente he usado casi todos los métodos inimaginables sobre los que he leído, he instalado un sinfín de aplicaciones en mi ordenador o Smartphone con resultado bastante pobre. Principalmente la causa de no haberlo podido implantar en mi día a día ha sido la gran curva de aprendizaje que requieren las apps y en otros casos el exceso de tiempo que me requerían no rentabilizaba todo el tiempo que necesitaba para llevarlo a cabo.

Buceando por internet encontré el método que ha mejorado mi productividad en un 300% y es el que, personalmente recomiendo siempre, se trata del método desarrollado por Ivy Lee.

El método Ivy Lee es una técnica con más de 100 años que intenta que llegues a realizar todas las tareas importantes integrándose en tu rutina diaria.

Nacido en 1877 en el sureño estado de Georgia (EEUU) realizó estudios en la Universidad de Princeton, ahí comienza a colaborar con el periódico y a participar en grupos de debate. Lee creía que existía un nicho sin tocar por los periodistas, los gabinetes de relaciones públicas. Hasta ese momento, las compañías eran muy opacas respecto a los datos que compartían no solo con la ciudadanía sino incluso con sus propios trabajadores. Durante las huelgas de 1906 en la industria del carbón, esta contactó con el despacho de Relaciones Públicas de Lee en Nueva York que aceptó el encargo. Eso sí, puso como condición poder disponer de total libertad sobre la información a comunicar a la prensa y que esta fuese clara y concisa, de esta forma se terminaba con años de secretismo y del *"Cuanto menos se sepa mejor"*. Se iniciaba la era de la libre información.

Durante un accidente ferroviario de ese mismo año Ivy Lee permitió el acceso a los periodistas para naturalizar el suceso y evitar elucubraciones.

Fundó la firma de agentes de prensa "Parker & Lee" y se acabó con una práctica muy extendida en la época, pagar a los periodistas para mejorar el retrato de las empresas en la prensa.

Su siguiente trabajo fue para nada menos que John D. Rockefeller, el hombre más rico de su tiempo, poseedor del 90% del negocio petrolífero del mundo, pero una persona odiada y temida por la opinión pública. Ivy Lee consiguió cambiar esa imagen de avaro monopolista creando una fundación que hoy aún lleva su nombre y se dedica a la filantropía en obras sociales y el mecenazgo en arte.

Pero vamos a lo que importa ¿Qué ha hecho Ivy Lee por la mejorar la organización para aumentar la productividad? Optimizar la agenda realizando una buena gestión del tiempo y vamos a verla en profundidad.

Trabajando para la industria del acero le propusieron a Lee que hablase 15 minutos con los directivos, recibiendo una compensación si conseguía mejorar su productividad, sino lograba un cambio demostrable (acordaos de lo que hablamos de medir siempre el éxito de nuestras acciones), Lee no cobraría ni un centavo. 3 meses después de enseñarles el método recibió 25.000 dólares de la época como gratificación, una fortuna en aquellos tiempos.

¿En qué consiste el método Ivy? Es una forma sencillísima de organizarnos que ofrece resultados rápidos. Se basa en la realización diaria de una lista de tareas con las siguientes claves.

1- Al acabar el día debemos escribir las seis cosas más importantes que tenemos que hacer para el día siguiente. No debemos escribir más de seis.

2- Ponerlas en orden de urgencia. La más prioritaria y urgente debe ir la primera.

3- Al comenzar el día ponerte con esas tareas y concentrarte en la primera hasta terminarla, siempre hay que empezar el día tachando una tarea. En este método no existe la multitarea, nos enfocamos en una hasta acabarla.

4- Pasar a la siguiente tarea cuando termines con otra si fuese posible.

5- Como no siempre es posible, si al terminar el día no hemos terminado todas las tareas estas pasan al día siguiente.

6- Apuntarlo en un papel, a ser posible una libreta que lleves siempre contigo. No sirve hacerlo en el móvil o mucho menos mentalmente.

Vamos a ver las claves de estas reglas.

- Nunca más de seis. Esto nos obliga también a priorizar en las tareas porque puede que alguna se quede fuera.

- Nunca menos de seis. Si logramos tener menos de seis tareas urgentes e importantes podemos añadir una tarea de desarrollo de algún proyecto personal.

- Son para tareas del trabajo, no mezclarlo con una lista de la vida privada. Hay personas que para eso hacen dos listas.

- Tenerlo apuntado libera al cerebro de tener que recordarlo, sabemos que está en una libreta y por lo tanto no nos preocupa no acordarnos o que no se nos olvide.

- Es el método ideal para los procrastrinadores profesionales que no es más que el arte de aparcar o diferir una tarea. Tenerlo apuntado en una hoja y sin realizar nos impide divagar o perder el tiempo porque nos pone nerviosos.

- Al comenzar la mañana tienes tiempo para hacer tus seis tareas, pero siempre surgen imprevistos. No pasa nada, atiéndelos y si dejas algo para el día siguiente ponlo en la lista y dale más prioridad.

El éxito del método Ivy Lee se basa en su extrema sencillez, lo fáciles que son las normas y en que tú mismo te marcas los objetivos, no es otro quién te diseña la tarea a realizar.

De verdad, dadle una oportunidad y vuestra productividad lo agradecerá.

LOS LADRONES DE TIEMPO

Los ladrones de tiempo son actividades o distracciones que consumen tiempo y nos impiden ser productivos o realizar las tareas que tenemos programadas. Estos pueden ser pequeñas acciones que no parecen tener un gran impacto, pero que en conjunto pueden convertirse en grandes ladrones de tiempo, reduciendo nuestra productividad y aumentando nuestro estrés.

Algunos ejemplos comunes de ladrones de tiempo incluyen:

1. Revisar constantemente el correo electrónico, las redes sociales y los mensajes de texto.

2. Tener reuniones innecesarias o largas que podrían haberse resuelto en un corto mensaje o correo electrónico.

3. No tener un plan claro o una lista de tareas para el día, lo que puede llevar a perder tiempo en tareas no prioritarias.

4. Ser interrumpido constantemente por colegas o familiares mientras se trabaja.

5. Procrastinar y posponer las tareas importantes para más tarde.

6. Perder tiempo en actividades que no son importantes o no tienen un propósito claro.

Es importante reconocer los ladrones de tiempo en nuestra vida y tomar medidas para minimizarlos o eliminarlos por completo. Esto nos permitirá ser más productivos y eficientes en nuestro trabajo y vida personal.

Los ladrones de tiempo hacen que nuestro tiempo efectivo no coincida con el tiempo que estamos en el trabajo. Esto nos puede hacer caer en el autoengaño. ¿Estamos realmente saturadísimos o estamos haciendo tareas y perdiendo el tiempo en cosas que no deberíamos?

Es importante que dediques tiempo a la planificación. No improvises. Intenta agendar tu tiempo y esfuerzo. La preparación es el 80% de tu éxito.

Aprender a decir NO. Los vendedores recibimos constantemente llamadas y peticiones de jefes, clientes o subordinados. No eres el chico de los recados. Puedes decir que no, pero explicando los motivos y dando alternativas. Tienes que centrarte en lo esencial de tu trabajo, si hay otra persona que tenga que hacer ese trabajo, delega.

Acota el tiempo que vas a dedicar a una tarea. Ponte una hora de finalización. De esta forma irás ganando minutos al día.

Identifica aquello que es importante y urgente de lo que no lo es. Si eres vendedor tus tareas más importantes son aquellas que te lleven directa o indirectamente a tener más ventas. Todo lo demás debe tener una prioridad relativa.

Ten la suficiente autodisciplina para comprometerte con una tarea. Es más doloroso cuando nos fallamos a nosotros mismos, así que ten palabra con los clientes, pero sobre tenla contigo.

Tampoco hace falta que sea un talibán del orden. Todos sabemos que la ley de Murphy existe, y los imprevistos van a estar ahí. El problema lo tenemos cuando pensamos que todo es imprevisible, que siempre tenemos una excusa para no hacer algo. Eso no es posible. Un vendedor tiene que tener cintura para adaptarse a las posibles complicaciones que surjan en el día a día, pero no puede ocurrir a diario.

Respeta el tiempo de los demás. Para exigir el respeto a tu agenda, empieza por respetar la agenda de los demás. Están igual que tú. Si haces que se cumpla esa premisa, los demás te van a tratar así.

Busca siempre conciliar la vida personal con la vida profesional. En un trabajo como el nuestro dónde cada venta supone ingresos, podemos caer en la tentación de dedicar todo nuestro tiempo a la venta, dejando lado la familia, los amigos y hasta el descanso.

No lleves los problemas a casa, ni mucho menos el estrés, debes desconectar e intentar crear compartimentos estancos entre tu vida como vendedor y tu vida personal.

Estos son los 8 ladrones de tiempo más importantes que tiene un comercial hoy en día.

1- El teléfono móvil: El teléfono puede llegar a ser una auténtica pesadilla. Siempre localizados, siempre disponibles. Quien nos llama sabe que tiene la ventaja de poder localizarnos cuando no estamos en la oficina. Recuerdo, no tienes la obligación de contestar siempre.

2- Reuniones interminables: Aquí incluyo lógicamente las reuniones de trabajo, pero también los cafés con compañeros. ¿De verdad deben ocuparnos tanto tiempo? En la medida de lo posible, cuando tengas una reunión solicita conocer la hora de inicio y de finalización indicando que tienes una agenda y debes organizarte.

3- Acapararlo todo y no delegar. Si estás asumiendo funciones que no tendrías que hacer, entonces tienes un gran problema con el tiempo. Confía en tu equipo, sino delegas porque piensas que no van a hacerlo bien, haciéndolo tú no va a aprender nunca.

4- Papeles por todas partes: Un escritorio desordenado te a va a quitar seguro tiempo. Haz este ejercicio, intenta dejar la mesa siempre sin papeles encima cuando llegas y cuando te vas.

5- Di No: Lo hablábamos antes, si estás haciendo una tarea y te interrumpen cambiándote los planes te va a costar arrancar de nuevo con lo que estabas haciendo. Sé amable pero firme *"Ahora no puedo atenderte, tengo un hueco a las 11 ¿Te parece?"*

6- Perfeccionista: El detallismo llevado al extremo no es siempre es un buen aliado en el trabajo. A veces, no es tan importante que algo quede perfecto a ejecutarlo en tiempo. Es importante cumplir un plazo con un trabajo bien hecho que incumplirlo por entrar demasiado en detalle que poco o nada aporte. No simplificar las tareas cotidianas es un desgaste inútil y ejemplo de mala gestión.

7- Los emails: Si antes hablábamos del móvil ahora vamos a hacerlo de los correos electrónicos. Ten plantillas para contestar correos, sobre todo si la mayoría tienen el mismo formato. Quizás para lanzar ofertas o mandar presupuestos necesites un email tipo, diséñalo cuidadosamente, pero utilízalo siempre que puedas.

8- Burocracia: Hay papeles o correos que pasan por tu mano sin motivo aparente, es similar a al spam en tu correo personal. Lo que sobre va directamente a la basura. Selecciona aquellos papeles que si son importantes de lo que no lo son, piensa si la tarea debes hacerlo tú o delegarla o si simplemente tienes que esta informado de algo pero no hacer nada. Quítatelo de encima con la mayor celeridad posible.

Recuerda que tu tarea principal es ampliar las ventas y la cartera de clientes, lo demás va a siempre accesorio.

CONOCE A LA COMPETENCIA

No podemos obviar que no estamos solos, existen otros vendedores con otras tácticas y otros perfiles que están dispuestos a comerse nuestro trozo del pastel, es por ello por lo que debemos conocerlos para superarlos.

Sobre la lucha contra la competencia siempre suele citarse, con acierto "El arte de la guerra" del general chino Sun Tzu, un libro del siglo V A.C. que todavía vigente que sigue usándose en marketing y ventas. En un párrafo de este libro se dice:

"Si conoces al enemigo y te conoces a ti mismo, no temas el resultado de cien batallas; si te conoces a ti mismo, pero no conoces al enemigo, por cada batalla ganada perderás otra; si no conoces al enemigo ni a ti mismo, perderás cada batalla."

En este capítulo vamos a hablar precisamente de esto, pero nos apoyaremos en las enseñanzas de otro gran militar, aunque más moderno, el prusiano Carl von Clausewitz (1780-1831). De su obra magna *"De la guerra"* podemos aprender muchas tácticas militares para prepararnos, enfrentarnos y vencer a nuestro enemigo, la competencia.

¿Qué es la competencia? Quizás deberíamos empezar por saber a quién o a qué nos enfrentamos cuando estamos hablando de las ventas.

Analizar y comprender a la competencia no solamente se hace durante la vida de nuestro negocio sino incluso antes de ponerlo en marcha, es importante antes de entrar en un sector conocer quién es quién en ese mercado. Analizando la competencia evitamos caer en el error de dar a nuestros potenciales clientes lo mismo y con un análisis más profundo evitar los que errores que otros hayan ya cometido o están cometiendo actualmente.

En un estudio de mercado el análisis de la competencia es fundamental. Para realizarlo debemos fijarnos unos objetivos.

- ¿Quiénes son mi competencia? ¿Qué empresas venden lo mismo que yo voy a vender o venden algo que sustituye la necesidad que suple mi negocio??
- ¿Qué tamaño tiene esa competencia y cuál es su fortaleza financiera?
- ¿Qué volúmenes de ventas tiene la competencia?
- ¿Cuál es la calidad de su producto y que tipo de servicios ofrece?
- ¿Cuál es su estrategia de marketing y de ventas?

Por competencia vamos a entender a las empresas que operan en mí mismo mercado o sector. Puede ser competencia directa si se dirigen a nuestros mismos clientes con un producto similar al nuestro. Por ejemplo, si vendemos carne nuestra competencia son otros distribuidores de carne. Por el contrario, la competencia indirecta es aquella que vende a nuestros clientes en nuestro mismo mercado, pero con productos o servicios sustitutos del nuestro o alternativos. En el ejemplo de antes, los distribuidores de pescado también deben ser tomados en cuenta.

Existe una tendencia a subestimar a la competencia indirecta. Pensemos en el ejemplo, en un restaurante la gente suele consumir carne o pescado de plato principal, la compra que realice el chef de materias primas afectará a mi facturación. Si su carta tiene más platos de pescado pueden resentirse mis ventas.

Una vez que tenemos claros cual es nuestra competencia ahora debemos analizarlos en profundidad. Si en nuestro mercado hay muchos competidores operando debemos solo seleccionar a los más relevantes ya que los más pequeños están ya imitándolos o si están utilizando otra estrategia no está teniendo resultado. Puede ser que esos competidores pequeños estén sentando las bases de una futura revolución, no los subestimemos del todo, ser pequeño no implica no estar ganando dinero, de nada te sirve ser 5 veces mayores y tener 5 veces menos beneficios.

De nuestros competidores tenemos que conocer cómo funcionan sus productos o servicios. Tenemos que estudiar como lo producen, quiénes son sus proveedores si los hay, qué características tienen sus productos y averiguar que les hace distintos para estar tan bien posicionados. También es importante saber sus estrategias de venta y marketing, sus canales de distribución, cómo venden, cómo utilizan la publicidad tanto online como offline.

Necesitaríamos saber en qué cifras se mueven, cuáles son sus precios, qué tipo de promociones u ofertas utilizan. Debemos conocer su plantilla, el número de vendedores del que disponen y en qué condiciones económicas trabajan. Nunca rechaces tomar un café con vendedor de la competencia, vas a aprender más en esa tarde que navegando horas por su página web oficial.

Una vez terminada la investigación durante toda tu vida deberás tener en cuenta lo siguiente.

1- Se crean nuevos competidores. Si tú has visto una oportunidad de negocio es posible que alguien más la haya visto. Sino es así, pero a ti te va bien, alguien tarde o temprano se dará cuenta y querrá también comer un trozo de tu tarta.

2- Las que ya está evolucionan. Tu competencia saca al mercado nuevos productos, lanza campañas o promociones agresivas; sino estás atento a todo esto te pueden hacer mucho daño. No bajes la guardia nunca.

3- Desarrolla vínculos. Existen asociaciones de tu sector donde se realizan muchos contactos y se aprende mucho de los rivales; úsalo en tu beneficio.

4- No vayas a precio. "Quien a hierro mata a hierro muere" Así aparece en los evangelios de Mateo, por eso quien a precio mata precio muere. No luchas nunca contra la competencia por precio porque siempre habrá alguien más barato que tú.

5- La competencia es buena. La competencia nos hace crecer, estar alerta, agudizar el ingenio… una competencia sana es lo mejor que le puede pasar a nuestro negocio. Tener rivales nos obliga a seguir esforzándonos por crecer y mejorar nuestros números, una lucha deportiva nos hace más grandes a nosotros y a los demás y eso nunca es malo.

DESPEDIDA

Termina aquí el libro donde hemos visto todo el proceso de la venta, pero sobre todo de la creación desde 0 de un auténtico vendedor del siglo XXI. Se supone que ahora vendría una frase motivacional sobre cambiar el mundo de los negocios o que seréis millonarios haciendo lo que aquí he escrito, pero yo prefiero irme con un consejo final.

"SED DUEÑOS DE VUESTRO FRACASOS"

Hay tanta información explicando cómo hacer las cosas que es imposible que todo te salga bien al principio. Asume desde el principio que te vas a equivocar, que muchas veces harás las cosas no como habías pensado, pero tómalo como una parte de tu aprendizaje. El fracaso siempre no da una lección y nos da experiencia. El mejor vendedor del mundo no estuvo un mes en esta profesión y se convirtió mágicamente en una máquina de matar, tuvo que meter muchas veces la pata.

Por eso asume esas equivocaciones y sobre todo, que sean tuyas. No eches la culpa a los demás.

BIBLIOGRAFÍA

HALCONES DE VENTAS – Carlos Muñoz 11. Quizás el libro más importante sobre los cambios en la formas de vender y entender al cliente del siglo XXI

VÉNDELE A LA VENTA Y NO A LA MENTE – Jürgen Klaric. Un libro de la vieja escuela sobre el cerebro reptiliano y la toma de decisiones.

LOS 5 SENTIDOS DE LA VENTA - UN CAMINO SENSORIAL PARA VENDER - Alfred Peris y David Cuadrado. Un libro técnicas y habilidades comerciales hecho a medias entre un enólogo y un psicólogo.

¿QUÉ ROBOT SE HA LLEVADO MI QUESO? – Rafael Tamames. Explica los procesos que está viviendo la sociedad en el siglo XXI y el proceso de digitalización de la venta.

BUILT TO LAST – Jim Collins. Te ayuda a trazar los objetivos desde el más lejano hasta el más cercano. Ese sistema de escalabilidad te ayuda a crecer.

EL CAMINO DEL LOBO – Jordan Belfort

EL ARTE DE LA GUERRA – Moisés Corral. Existe una edición en internet en formato papel comentada por mí de mis años de universidad.

INFORME CETELEM SOBRE VENTA POR INTERNET –

SUPERVENDEDOR – César Piqueras

EL PROBLEMA NO ES TU NEGOCIO, EL PROBLEMA ERES TÚ - Esteban De Gyves

ACERCA DEL AUTOR

Moisés Corral Arce ha trabajado la mayor parte de su vida vinculado al mercado asegurador, desarrollando puestos de responsabilidad, funciones en captación, ventas y sobre todo generando vocaciones. Este libro quiere reflejar el espíritu de las entrevistas que ha realizado para encontrar nuevos vendedores, transmitiendo su pasión por el mundo comercial y el trabajo bien hecho.